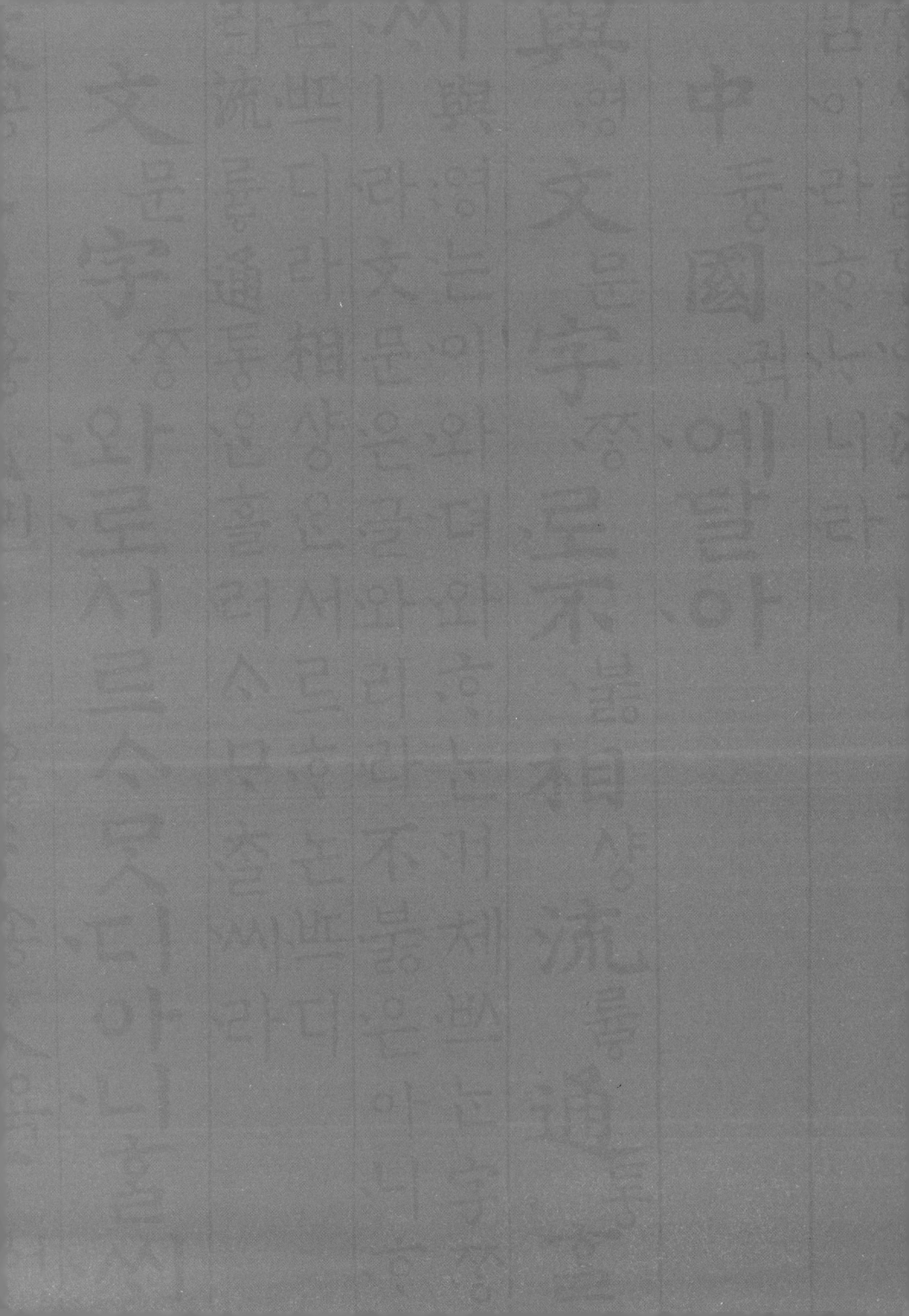

어린이를 위해 쉽게 풀어 쓴

국보 훈민정음 해례본

문 선 영 풀이
사단법인 훈민정음기념사업회 감수

특별부록
국보 『훈민정음해례본』 재현 자료 수록

가나북스

❀ **엮은이 문선영**은 오랫동안 한문학원에서 어린이들에게 한문과 서예를 가르치면서
뜻밖에도 어린이들이 한글의 맞춤법을 어려워하고 한자어의 뜻을 이해하지 못하여서
독서할 때 힘들어하는 모습을 안타깝게 바라 본 경험을 바탕으로
「훈민정음」을 연구하여 이 책을 쓰게 되었다.

어린이를 위해 쉽게 풀어 쓴
국보 훈민정음 해례본

발 행 일	|	2024년 6월 5일 초판 1쇄
엮 은 이	|	문선영
자료제공	|	박영덕
발 행 인	|	배수현
디 자 인	|	천현정
펴 낸 곳	|	가나북스 www.gnbooks.co.kr
감 수 처	|	사단법인 훈민정음기념사업회
출판등록	|	제393-2009-000012호
주 소	|	경기도 파주시 율곡로 1406
전 화	|	031)959-8833(代)
팩 스	|	031)959-8834

ISBN 979-11-6446-112-7(73700)

Copyright@2024 문선영

*잘못된 책은 구입하신 곳에서 교환하여 드립니다.
*이 책의 저작권과 제작권은 저자와 가나북스에 있습니다.
*저작권법에 따라 보호받는 저작물이므로 무단전재와 복제는 엄격히 금지합니다.
*내용의 전부 또는 일부를 이용하려면 반드시 저작권자의 서면 동의를 받아야 합니다.
*이 책 수익금의 일부는 훈민정음 탑 건립과 훈민정음 대학원대학교 설립에 기탁됩니다.

시작하는 말

　세종대왕이 조선의 네 번째 왕으로 등극하시던 시기에 조선에서는 당시 명나라였던 중국의 한자를 썼습니다. 그래서 말과 글자가 서로 다르니 백성은 자기의 생각을 표현하고 싶어도 쉽게 전하지 못한 것을 가엽게 여긴 세종대왕은 1443년, 새로운 글자 '백성을 가르치는 바른 소리'라는 뜻의 『훈민정음(訓民正音)』을 만들었습니다.

　훈민정음을 만들어 모두가 함께 사용하기를 바랐던 세종대왕의 뜻과 달리 최만리를 비롯한 많은 신하는 명나라를 섬기는 조선에서 새로운 글자를 만드는 것이 오랑캐나 하는 것이라면서 강력하게 반대했습니다. 또한, 양반 사대부도 한자 사용에 익숙했었기 때문에 새로운 글자를 만들 필요 없다고 주장하면서 새로운 글자를 '암글' 또는 '아햇글'이라면서 비하했습니다.

　그렇지만, 세종대왕은 이를 지혜롭게 물리치시고 자음 17자와 모음 11자 모두 스물여덟 자인 훈민정음으로 『용비어천가』를 정인지와 권제, 안지 등에 편찬하게 한 뒤 1446년 9월에 새롭게 만든 글자의 창제원리를 설명하기 위해 전체 33장으로 된 《훈민정음 해례본》을 통해 정식으로 반포했습니다. 이 중 26장이 훈민정음에 대한 풀이[해]와 예시[례]를 담고 있는 내용이기 때문에 《훈민정음 해례본》이라고 합니다.

　《훈민정음 해례본》은 1940년에 이르러 발견되고서야 우리가 사용하고 있는 한글이 어떻게 만들어졌는지 바르게 알 수 있었고, 한글에 대한 많은 궁금증도 풀 수 있었습니다.

　그러나 《훈민정음 해례본》은 훈민정음이 어떤 원리를 바탕으로 해서 어떤 과정을 통해 만들어졌는가에 대한 설명이 한문으로 쓰여있는 책이기 때문에 전문가들이나 읽을 수 있는 굉장히 어려운 책으로 이해하고 있었습니다.

더욱이 《훈민정음 해례본》을 한글로 풀이해 놓았다는 책들도 최소한 고등학교 학생들 이상에서 배우는 책으로 알고 있었습니다.

　그렇지만 《훈민정음 해례본》은 어린이들의 눈높이에 맞춰 쉽게 풀이한 책이 없었기 때문에 어렵다고 느꼈을 뿐이라고 생각합니다.

　그래서 앞으로 대한민국을 이끌어갈 우리 어린이들이 귀중한 훈민정음에 대해서 정확히 알고 자긍심을 가질 수 있도록 《훈민정음 해례본》을 어린이 눈높이에 맞춰서 쉽게 풀어 쓰려고 노력했습니다.

　그리고 실제 국보 《훈민정음 해례본》을 재현한 박영덕 충북도 무형문화재 제28호 각자 명장 선생님이 원본과 똑같이 목판본으로 새겨서 펴낸 아주 귀한 자료를 제공해 주셔서 감사한 마음으로 특별부록으로 실었습니다. 이 책을 통해 우리의 글자 한글을 낳게 한 훈민정음이 왜 세계적인 문자인지 이유를 알 수 있게 되길 바랍니다.

훈민정음 창제 580돌 세종대왕 탄신일을 기다리며

엮은이 **문 선 영** 적음

추천하는 글

　1443년 세종대왕이 창제한 『훈민정음』은 세계의 약 3,000여 개 문자 중에서 가장 뛰어나다고 인정받는 인류 역사상 최고의 문자입니다.
　그런데 《훈민정음 해례본》이 발견되기 전까지는 『훈민정음』이 고대 글자를 모방했다거나 몽골 문자에서 비롯되었다는 설을 비롯하여 심지어는 전통 한옥의 창문 살을 보고 모양을 본떴다는 등 비하하는 억측들이 많았습니다.

　세종대왕은 『훈민정음』을 처음 만드셨을 때 닿소리인 자음 17자와 홀소리인 모음 11자로 이루어진 스물여덟 자를 만드셨지만 안타깝게도 그중에서 ㅿ(반시옷), ㆁ(옛이응), ㆆ(여린 히읗), ㆍ(아래 아) 등 네 글자를 잃어버린 채 오늘날 우리는 자음 14자와 모음 11자인 24자만 사용하고 있습니다.

　다행스럽게도 1940년 경북 안동에서 《훈민정음 해례본》이 발견되어서 『훈민정음』의 창제원리와 함께 정확히 언제 반포되었는지도 알 수 있게 되었지만, 한문으로 쓰인 책인 데다가 원리가 굉장히 어렵게 느껴졌기 때문에 청소년쯤은 되어야만 배우고 이해할 수 있는 어려운 책으로만 생각하게 되었습니다.

　오래전부터 어린이들에게 한문을 지도하면서 어린이들이 의외로 한글을 어려워한다는 사실을 알게 된 문선영 선생님이 한문으로 쓰인 《훈민정음 해례본》을 어린이의 눈높이에 맞춰서 이해하기 쉽게 풀어쓴 책을 출간하게 되었다는 소식을 접하고 기쁜 마음으로 추천하는 글을 씁니다.

　이 책은 『훈민정음』 창제라는 다소 어려울 수도 있는 내용을 우리 아이들이 마치 전래동화책을 읽듯이 재미있게 읽으면서 쉽게 이해할 수 있게 풀이했기 때문에 나이에 상관없이 누구나 읽어야 할 책이라고 생각합니다.

《훈민정음 해례본》은 우리나라 국보임과 동시에 1997년 유네스코 세계기록유산으로 지정된 자랑스러운 유산입니다.

　특히 이 책은 어린이들이 직접 실제로 《훈민정음 해례본》을 느껴볼 수 있도록 충북도 무형문화재 제28호 각자장으로 지정받으신 운봉 박영덕 선생님이 국보 제70호와 똑같이 재현한 아주 귀한 자료를 특별부록으로 실을 수 있도록 제공해 주셨습니다.

　우리 어린이들이 이 책을 통해서 더욱 정확하게 『훈민정음』을 알고 바르게 이해하여 대한민국이 세계 최고의 문자를 가지고 있는 나라인 것을 자랑스럽게 생각하고 훌륭한 사람으로 성장하기를 희망합니다.

　　　　　　　　　　　　　　　　　사단법인 훈민정음기념사업회 이사장
　　　　　　　　　　　　　　　　　교육학박사 **박 재 성**

차 례

- 시작하는 말 3
- 추천하는 글 5
- 차례 7
- 이 책의 특징과 미리 알아두면 좋을 내용 정리 8

첫 번째. 훈민정음에 대해서 먼저 알아볼까요?

하나. 세종대왕은 어떤 왕일까요? 10
둘. 훈민정음 해례본은 무슨 책인가요? 13
셋. 훈민정음 해례본은 어떻게 발견되었나요? 15
넷. 훈민정음 창제 때 세종 대왕을 도와준 사람들은
 누구인가요? 17
다섯. 훈민정음 창제를 반대한 사람들은 누구인가요? 18
여섯. 훈민정음을 다르게 부른 이름은 어떤 것이 있나요? 19
일곱. 훈민정음의 자모음 이름은 누가 지었나요? 20

두 번째. 훈민정음 해례본을 쉽게 풀이해 볼까요?

하나. 훈민정음 창제 이유와 목적[어제 서문] 22
둘. 새로운 글자 보기와 뜻 간단 소개[예의] 23
셋. 글자를 만듦에 대한 풀이[제자해] 28
넷. 첫소리에 대한 풀이[초성해] 41
다섯. 가운뎃소리에 대한 풀이[중성해] 43
여섯. 끝소리에 대한 풀이[종성해] 45
일곱. 글자를 어울려 쓰는 방법에 대한 풀이[합자해] 49
여덟. 실제 글자를 사용하는 보기[용자례] 53
아홉. 훈민정음의 우수성과 편찬자 등[정인지 서문] 73
《훈민정음 해례본》집필에 참여한 8학자 76

세 번째. 훈민정음 해례본은 어떻게 생겼을까요?
부록. 국보와 똑같이 새긴 《훈민정음 해례본》

- 정인지서문(鄭麟趾序文) 84
- 용자례(用字例) 88
- 합자해(合字解) 96
- 종성해(終聲解) 102
- 중성해(中聲解) 106
- 초성해(初聲解) 108
- 제자해(制字解) 135
- 예의(例義) 142
- 어제서문(御製序文) 143

➡ 144쪽부터 시작합니다.

- 참고문헌 145

◇ 이 책의 특징과 미리 알아두면 좋을 내용 정리 ◇

1. 제목 아래에 ➡ 표시는 이 책을 읽는 어린이를 위해 덧붙여서 설명해 주는 글이에요.

2. '~ 라고 설명하고 있어요.'라는 표현은 《해례본》에는 없는 부분인데, 이 책을 읽는 어린이가 쉽게 이해할 수 있도록 책을 쓴 선생이 붙여 놓은 말이에요.

3. '첫소리', '가운뎃소리', '끝소리'라는 낱말은 《해례본》의 표현을 실감 나게 전달하기 위해서 '첫소리 즉 초성[初聲]', '가운뎃소리 즉 중성[中聲]', '끝소리 즉 종성[終聲]'으로 표현했어요. 그리고 계속 반복해서 표현함으로써 이 책을 읽은 어린이가 저절로 이해하고 암기할 수 있도록 했어요.

4. 내용 중 낱말의 이해를 돕기 위하여 한자를 함께 써야 할 필요가 있을 경우, '나무[木목]'와 같이 낱말 옆의 꺾기 괄호 안에 한자와 한자의 음을 표기해서 이해하기 쉽게 했어요.

5. 특별부록의 《해례본》 목판본은 충북도 무형문화재 각자장 박영덕 선생님이 국보 70호와 똑같이 재현한 자료에요. 이 책의 본문과 연결해서 학습할 수 있도록 《해례본》의 면마다 아래에 본문의 페이지를 표시했어요.

6. 이 책은 어렵게만 느껴졌던 《해례본》을 어린이 눈높이에 맞게 우리말로 쉽게 풀이하려고 노력한 책이에요. 이 책으로 세계에서 가장 우수한 글자라고 인정받는 『훈민정음』에 대해서 바르게 알고 더욱더 우리 글자에 대한 자긍심과 더 나아가 남북 공통언어인 훈민정음을 통해 통일의 문을 여는 〈국보훈민정음해례본〉이 되길 바래요.

첫 번째.
훈민정음에 대해서 먼저 알아볼까요?

하나. 세종대왕은 어떤 왕일까요?

　세종대왕은 1392년 건국된 조선에서 1397년 5월 15일(음력 태조 6년 4월 10일) 한성부 준수방 장의동 본궁 현재의 서울특별시 종로구 창성동에서 태어나서 1418년 7월 15일에 조선의 제4대 국왕으로 등극한 왕이에요. 그래서 세종대왕은 고려에서 신하로 일하다가 왕위에 오른 세 분의 선대왕인 할아버지 태조 이성계, 큰아버지 정종 이방과, 아버지 태종 이방원과 다르게 조선 시대에 조선 사람으로 태어나 왕위에 오른 첫 임금이에요.

　태조 이성계의 다섯째 아들로 당시 정안군이었던 아버지 태종과 민씨 성을 가진 어머니 원경왕후와의 사이에서 여섯 번째 자녀이자, 셋째 아들로 태어났어요. 태어날 당시 큰형 양녕대군 이제와 둘째 형 효령대군 이보, 그리고 정순 공주, 경정 공주, 경안 공주 등 친누나 세 명이 있었어요. 세종대왕의 어렸을 때 이름은 막동(莫同)이었고, 정식 이름은 도(裪)라고 지었어요.

　어려서부터 한번 잡은 책은 닳아 없어질 때까지 읽었기 때문에 단군 이래 최고의 독서광이라는 소문이 났을 정도로 병이 나 앓고 있을 때도 줄곧 책을 읽으려 들었으므로 건강을 해칠까 걱정된 아버지 태종이 방 안의 서책을 모조리 압수했으나 병풍 뒤에 숨겨놨던《구소수간(歐蘇手簡):중국 송나라 구양수와 소동파가 주고 받은 편지 글을 모아 엮은 책》이라는 책 하나를 붙잡고 마르고 닳도록 읽었다는 이야기는 유명한 일화 중 하나에요.

　당시 조선에서는 왕위를 이을 세자는 왕이 되면 그만이지만 그 외의 왕자는 일개 왕실 종친일 뿐 능력을 이용해서 정상적인 벼슬길에 오를 수 없었기 때문에 충녕대군의 재능이 안쓰러웠던 태종은 아들의 취미생활을 전적으로 지원해줬다고《세종실록》에 기록되어 있어요.

　오히려 대군이었기 때문에 제한받지 않고 학문은 물론 미술, 음악, 수학까지 다양

한 분야를 공부했으므로 대군으로서의 유복한 생활이 다재다능한 왕으로서의 실력을 키워주는 기틀을 마련하는데 커다란 기회가 된 셈이었어요.

세종대왕은 12살 되던 1408년(태종8) 충녕군(忠寧君)에 봉해졌으며 같은 해에 소헌왕후가 되는 심온의 딸 심씨와 혼인하였어요. 아버지 태종이 왕위에 오른 후 12년 뒤인 16살 되던 1412년에 둘째 형인 효령대군과 함께 대군으로 진봉되어 충녕대군(忠寧大君)이 되었고 1418년(태종18) 왕세자에 책봉된 후 같은 해 8월에 22살의 나이로 태종으로부터 왕위를 양위 받아서 즉위하였어요.

세종이 장년이 되기 전까지는 아버지 태종이 군사 문제는 직접 결정하고 국가에 결단하기 어려운 일이 있을 때마다 정부와 6조, 상왕이 함께 의논한다는 조건을 달아서 양위하긴 했지만, 전격적인 결단이어서 다들 놀랐다고 해요. 1422년 태종이 승하하고 재위 4년 만에 전권을 행사하게 된 세종은 태종이 만들어 놓은 정치적인 안정 속에서 자신의 학문적 역량을 마음껏 펼치기 시작했어요.

인재를 고르게 등용하여 이상적 유교 정치를 구현했으며, 측우기 등의 과학기구를 제작하여 백성들의 생활에 실질적으로 도움이 되는 문화정책을 추진했어요. 또한, 정치적으로도 안정되어 정치·경제·사회·문화 등 여러 방면에서 훌륭한 치적을 쌓아서 수준 높은 기틀을 잡았으며 외국 문화를 참조하면서도 민족문화를 독자적으로 발전시키는데 진력하였을 뿐만 아니라 민족문화의 창달과 조선 왕조의 기틀을 튼튼히 하여 한민족 역사상 가장 찬란한 시대를 열었어요.

특히 세종대왕은 백성들에게 농사에 관한 책을 펴내었지만, 글을 몰라 이해하지 못하는 모습을 안타깝게 여겨서 즉위한 지 25년 되던 1443년 12월에 누구나 쉽게 배울 수 있는 효율적이고 과학적인 문자 체계인 17자의 자음과 11자의 모음인 28자로 구성된 새로운 문자 훈민정음(訓民正音)을 창제하고, 1446년 9월에 반포하였어요. 그리고 새롭게 만든 문자를 장려하기 위하여 훈민정음으로 된 최초의 노래인 《용비어천가》를 비롯해 《석보상절》, 《월인천강지곡》 등 여러 종류의 책을 펴내었어요.

이처럼 지칠 줄 모르는 열정으로 여러 가지 병에 시달리는 가운데서도 정사와 학문을 게을리하지 않다가 즉위 32년 되던 1450년 4월 8일(음력 2월 17일) 54세로 한성부 영응대군 사저인 동별 궁에서 승하하여 생전의 바램처럼 아버지 태종의 능인 헌릉 서쪽에 장사 지내었다가 예종 임금 때 지금의 경기도 여주시에 있는 영릉으로 옮겨져 먼저 세상을 뜬 소헌왕후와 합장하였는데, 이것은 조선 역사상 최초의 합장릉이라고 해요. 그리고 세종대왕은 조선 시대 519년간 27명의 왕 가운데 가장 뛰어난 능력을 갖췄고, 헤아리기 어려울 정도로 많은 업적을 남겼다는 평가를 받고 있어요.

특히 《세종실록》 38권에 기록된 1427년 12월 30일 세종대왕의 어록을 보면 얼마나 백성을 사랑하고 국가의 안위를 걱정한 임금이었는지를 알 수가 있어서 소개할게요.

"임금의 직책은 백성을 사랑함이 중한 것인데 내가 즉위한 지 10년이 되었으나, 하늘과 땅이 재앙의 변고를 보이시니, 내가 백성을 위하여 마음을 쓰지 못했기 때문에 이런 것이 아닌가 근심스럽구나! 지금 또 겨울이 따뜻하고 눈이 적으니 내년의 농사가 염려된다. 대신들이 너희들을 수령으로 삼을 만하다고 하므로 이에 보내는 것이니, 마침 나라에서 재난을 당한 백성을 구제해야 할 때를 당하여 어려운 처지에 놓인 사람들을 불쌍히 여기어 위로하고 도와주는 데에 마음을 쓰라." 하매, 백충이라는 신하가 대답하기를, "하교가 이와 같으시니, 신 등이 감히 힘을 다하지 아니하오리까." 하므로, 임금이 말하기를, "네가 마음과 힘을 다하겠다고 말하니 내가 심히 가상하게 여긴다." 했다.

임금이 승하한 뒤에 그의 신위(神位)를 모셔 놓은 집을 가리키는 묘호를 세종(世宗)으로 정하고, 시호는 장헌영문예무인성명효대왕(莊憲英文睿武仁聖明孝大王)이라고 했기 때문에 승하하신 이후 「세종대왕」이라고 일컫는 거예요. 생전에는 임금, 주상, 전하 등으로 호칭했어요.

둘. 훈민정음 해례본은 무슨 책인가요?

《훈민정음 해례본》은 세종대왕이 1443년 창제한 『훈민정음』이라는 새로운 문자에 대해서 사용 방법을 알리기 위해 만들어진 책이에요.

『훈민정음』은 그 자체로 글자의 이름이며, 책의 이름이기도 하지만 발견된 책에서 훈민정음이라는 글자를 해례하고 있어서 책을 《훈민정음》 또는 《훈민정음 해례본》이라고 부르게 되었어요.

『훈민정음』이 창제된 지 498년이 지난 1940년에 안동에서 발견되었는데, 『훈민정음』이 어떤 원리를 바탕으로 해서 어떤 과정을 통해 만들어졌는가에 대한 설명이 실려 있는 책으로 국어를 연구하는 학자에게는 당연히 보물 중의 보물이고 세계 언어학자들에게도 극히 소중한 자료로 평가받기 때문에 1962년 12월 20일에 국보 제70호로 지정되었어요.

특히 문자를 만들어낸 사람이 직접 해설을 달아 놓은 자료는 전 세계의 모든 문자 중에서 유일하게 《훈민정음 해례본》 뿐이기 때문에 1997년에는 유네스코 세계기록유산으로 등재된 자랑스럽고 소중한 책이에요.

《훈민정음 언해본》에서는 제작 원리 내용[해례]이 실려 있지 않았기 때문에 《훈민정음 해례본》이 발견되기 전까지는 이덕무가 쓴 백과사전 《청장관전서》에도 "세속에 전하기를 세종이 변소에서 문살을 보다 깨닫고 한글을 만들었다고 하더라"라는 근거 없는 이야기가 실려 있을 정도로 훈민정음의 창제에 대한 여러 가지 구구한 추측이 난무했어요.

《훈민정음 해례본》의 발견으로 인해 『훈민정음』의 창제원리에 대해 많은 것들이 확인되고 알려지긴 했는데, 그 내용이 한문으로 쓰여 있는 데다가 자음 글자의 경우

혀나 입술 같은 발성 기관을 본떠 만들었다고 쓰여있지만, 모음 글자의 경우 성리학 이론과 관련된 천지인을 가져와서 만들고 조합한 것이라고 서술되어 있어서 해석하기가 꽤 어렵고 난해해서 아직도 학자들 사이에서 훈민정음 원리에 대한 해석에 분명한 합의가 이루어지지 않은 부분도 있어요.

앞에서 말한 것처럼 《훈민정음 해례본》이 한문으로 쓰인 것은 당시 사용하는 문자가 한문이었기 때문에 당연한 일이었어요. 그중에서 세종 임금이 직접 쓴 「어제서문」은 다음과 같이 한자 54자로 쓰여 있는데 띄어쓰기가 안 되어 있어요.

國之語音異乎中國與文字不相流通故愚民有所欲言而終不得伸其情者多矣 予爲此憫然新制二十八字欲使人人易習便於日用耳
(국지어음이호중국여문자불상유통고우민유소욕언이종부득신기정자다의여위차민연신제이십팔자욕사인인이습편어일용이)

《해례본》의 내용 구성은 크게 임금의 글과 신하의 글로 나누어지는데, 임금의 글에 해당하는 부분은 「어제서문」과 임금이 간략하게 글자에 대한 해설과 글자의 운용 방법을 적어놓은 본문이라고 하는 「예의(例義)」로 되어 있어요.

신하의 글에서는 다섯 가지 해설인 「제자해」, 「초성해」, 「중성해」, 「종성해」, 「합자해」와 한가지 예시인 「용자례」가 실렸기에 "해례"라고 하는 내용이 실려 있어요. 맨 마지막에는 「정인지 서문」이 실려 있는데 '정통(正統) 11년 9월 상한(上澣)'이라고 〈훈민정음〉을 반포한 때를 정확하게 적어놓았어요. '정통'은 당시 중국의 명나라의 여섯 번째 황제가 썼던 연호이고, '상한'은 매월 초하루에서 초 열흘까지의 열흘 동안을 말해요.

그래서 이 날짜를 기준으로 1446년 9월 상한의 마지막 날인 음력 9월 10일을 그레고리력으로 계산한 날짜인 10월 9일을 '한글날'로 지정하게 되었어요.

셋. 훈민정음 해례본은 어떻게 발견되었나요?

국보 70호 《훈민정음 해례본》은 세종 임금이 광산 김씨 문중에 여진 정벌의 공로를 치하하는 의미로 내려주신 서책으로 안동에 있는 광산 김씨 종가(宗家)인 긍구당에서 자손 대대로 집안의 보물로 전하여 내려왔다고 해요.

그런데 1939년 이용준은 자신의 처가인 광산 김씨 종가의 긍구당 서고에 보관되어 있던 가보인 《매월당집》 등을 비롯하여 《훈민정음 해례본》을 처가 몰래 훔쳐내서 안동의 자택에서 보관하고 있었다고 해요.

1940년 여름 이용준은 은사인 한문학자이자 국문학자인 김태준에게 《훈민정음 해례본》의 존재를 처음으로 알렸더니 김태준은 이용준의 자택에서 《훈민정음 해례본》을 확인하고 긍구당 직인이 찍힌 첫 장은 찢어내었다고 해요. 그리고 당시 자기의 많은 재산을 들여서 일본으로 유출된 문화재들을 되찾아오는 애국자로 널리 알려졌을 뿐만 아니라, 문화재의 가치를 정확히 치르는 것으로 유명했던 전형필 선생님에게 구매 의사를 타진했다고 해요. 참고로 전형필 선생님의 호가 '간송'이기 때문에 전형필 선생님이 지으신 미술관 이름이 '간송미술관'이에요.

그동안 훈민정음의 행방을 애타게 기다려온 간송 선생님은 일제의 감시 위험을 무릅쓰고 이용준이 요구한 1,000원이라는 《훈민정음 해례본》의 금액이 문화재 가치와 비교하면 너무 적다고 생각하여 10배인 1만 원을 지급하고, 《해례본》을 소개한 국문학자 김태준에게는 따로 1천 원을 지급했는데, 이 책값 1만 원은 당시 서울의 기와집 10채를 살 수 있는 거액이었고 오늘날 물가로 환산하면 약 30억 원의 가치가 있는 아주 큰 돈이었어요.

이렇게 어렵게 《훈민정음 해례본》을 사들인 간송 선생님은 조선말과 글의 사용을 금지하고 국어학자들을 탄압하던 일제가 어떤 짓을 할지 몰랐기 때문에 광복을 맞을 때까지 해례본의 존재를 철저히 감췄어요.

해방이 되자 간송 선생님은 드디어 일제의 눈치를 보지 않아도 되었기 때문에 당당하게 《훈민정음 해례본》의 존재를 세상에 널리 알렸어요. 그래서 그동안 학자들 사이에 논란이 있었던 훈민정음 창제원리가 밝혀지게 되었어요.

간송 선생님이 거금 일만 원을 주고 사들인 《훈민정음 해례본》은 원래 표지 2장에 본문 33장으로 이루어진 책인데, 불행하게도 맨 앞부분 어제서문(御製序文) 두 장, 4쪽 분량이 낙장 소실되어 있었다고 해요.

그러나 간송 선생님에게 《훈민정음 해례본》을 팔아넘기기 전에 김태준 교수와 제자 이용준은 판매가 목적이었기 때문에 낙장 사실을 공개하지 않은 채 원본인 것처럼 보이도록 은밀하게 보수했다고 해요. 가로 20㎝, 세로 32.3㎝ 크기의 이 책이 유네스코가 1997년 10월에 세계기록유산으로 등재한 자랑스러운 《훈민정음 해례본》이에요.

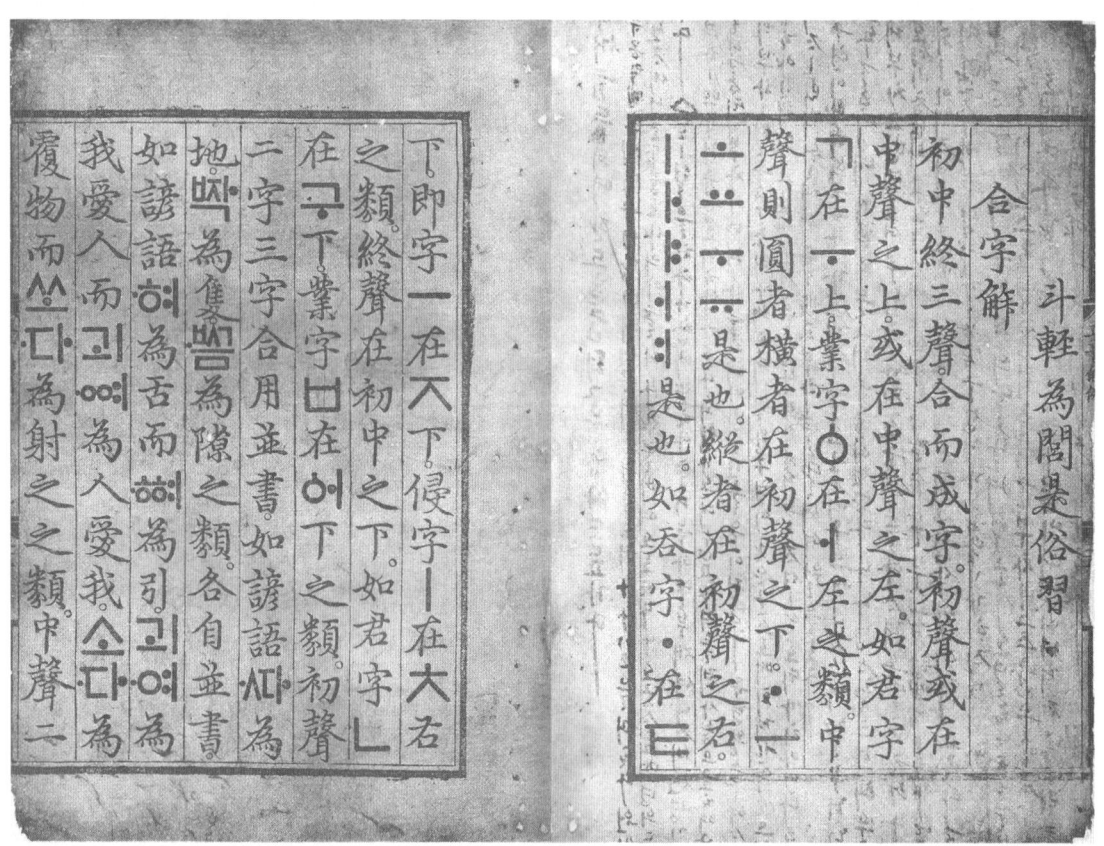

▲ 국보 제70호 훈민정음 해례본의 실제 모습

넷. 훈민정음 창제 때 세종 대왕을 도와준 사람들은 누구인가요?

　세종대왕이 《훈민정음》 창제에 열성적으로 몰입했던 시기는 재위 23(1441)년 무렵으로 임금과 몇 사람의 조력자 외에는 아는 사람이 없을 정도로 철통같은 보안 속에 아주 은밀하게 진행되었을 것으로 생각해요. 이렇게 훈민정음 창제작업이 공개적으로 이루어진 것이 아니고 밀실에서 이루어졌을 것이라고 추측할 수 있는 근거는 훈민정음을 반포한 뒤에 최만리 등 집현전 학자들이 "신하들과 의논도 하지 않았다."라고 상소문에서 언급한 점을 들 수 있어요.

　만약 집현전 관원들이 공개적으로 협조하였다면, 집현전 실무책임자였던 집현전 부제학 최만리를 비롯한 신석조, 김문, 정창손, 하위지, 송처검, 조근 등 집현전 최상위층 보수파들이 모를 리가 없었을 것이고, 또한 그들이 알고 있었다면 훈민정음이 창제되기도 전에 이미 반대 운동이 거세게 일어났을 것이기 때문에 집현전 학자들이나 조정의 벼슬아치들이 이 작업에 참여하지 않았던 것이 확실해요.

　그래서 세종대왕이 훈민정음을 창제할 때 도움을 청할 협력자들을 구할 때 가장 중요한 선발기준인 비밀을 지킬 수 있는 사람을 8남 1녀의 자녀 중에서 다섯째인 광평대군과 정의공주에게 도움을 받았을 것이라는 단서를 《세종실록》에서 찾을 수 있어요. 왜냐하면 두 사람은 비밀리에 만날 수 있기도 하지만, 머리가 영특하고 풍부한 학식을 갖추고 있었기 때문이에요.
　그리고 세종대왕은 집현전을 통해 길러낸 최항, 박팽년, 신숙주, 성삼문, 이선로, 이개 등 젊은 학자들에게 명해서, 훈민정음을 자세하게 풀이한 《훈민정음해례본》을 편찬하게 했어요.

다섯. 훈민정음 창제를 반대한 사람들은 누구인가요?

세종대왕이 1443년 12월 훈민정음을 창제하자, '중국과 다른 문자를 만드는 것은 조선이 건국된 후부터 지금까지 지성으로 중국을 사모하고 모든 면에서 중국의 문물과 제도를 본받아 온 사상에 어긋나며, 스스로 오랑캐같이 야만인이 되려는 것이나 다름없으며, 신라 때 설총이 만든 이두(吏讀)는 한자의 음과 뜻을 빌려 우리말을 적는 표기법이기 때문에 한자를 배우는 데 도움이라도 되지만 임금께서 새로 만드신 언문은 유익함이 없을 뿐만 아니라 널리 여러 사람의 의견을 물어보지도 않으시고 갑자기 각 관아에 있는 하급 관리 10여 명에게 언문을 가르쳐서 옛사람들이 이미 이룬 운서를 고쳐 인쇄하려는 것은 신중하지 못한 것이고 세자께서 언문 일을 해서는 안 된다는 점' 등의 이유 6가지를 들어서 집현전 대제학이었던 최만리가 신석조, 김문, 하위지, 정창손 등 집현전 내 훈민정음 창제를 반대하는 학자들과 함께 상소문을 올렸어요.

상소를 올릴 때 집현전 반대 학자들의 대표였던 최만리는 1419년(세종 1) 과거시험에서 급제하여 그 이듬해 집현전 박사로 임명되었을 정도로 실력이 뛰어났어요. 그 뒤 집현전학사를 거쳐 집현전의 실무책임자인 부제학으로서 14차에 걸쳐 상소를 올릴 정도로 부정과 타협을 모르는 깨끗한 관원으로서 일관하였으며 진퇴가 뚜렷한 사람으로 평가받고 있어요.

이 상소문은 언문 창제의 불필요성, 언문의 무용론을 주장한 것으로 사대주의적 성향이 짙은 것으로 평가할 수 있지만, 그 진의는 세종대왕의 한자음 개혁에 반대한 것으로 보는 학자도 있어요.

여섯. 훈민정음을 다르게 부른 이름은 어떤 것이 있나요?

《훈민정음》을 언문(諺文)이라고 하는데, 이 뜻을 일반적으로 국어사전 등에서는 '항간에서 떠돌며 쓰이는 속된말, 또는 상말'이라는 뜻으로 풀이하고 있는데, 이것은 잘못된 풀이에요. 왜냐하면 「언문(諺文)」이라는 말을 처음 사용한 것은 창제자인 세종대왕 본인이었기 때문에 비하적 의미가 없었다는 것을 확인할 수가 있어요. 그래서 언문의 정확한 뜻은 '훈민정음 창제 당시에는 배우고 익히기 어려운 한자와 구별하여, 주로 백성들이 일상적으로 쓰는 글'이라는 뜻이 바르고 정확한 뜻이기 때문이에요.

덧붙이자면 훈민정음 창제 당시에 세종대왕과 훈민정음 해례본에 이름을 올린 학자들뿐만 아니라 세종실록 곳곳에도 모두 언문이라는 단어를 사용한 것을 보더라도 확인할 수 있는데 언해·언서 등도 여기서 비롯된 표현이에요.

진짜로 중국을 사모하고 모든 면에서 중국의 문물과 제도를 본받아야 한다는 모화사상에 젖은 조선 시대의 식자층에서 훈민정음을 비하하고 얕잡아 본 데서 붙인 이름들을 소개하면 다음과 같아요.

먼저 '배워서 알기는 하나 실제로는 활용할 수 없는 글자'라는 의미로 '암글'이라는 이름으로 불렀고, '불교의 승려들이나 쓰는 글자'라는 뜻으로 '중글'이라는 이름으로 속되게 일렀고, '여자들이나 어린아이들이 배우는 글자'라는 뜻의 이름이 '아햇글'이고, 훈민정음 초성의 첫 글자 ㄱ(기역)에 중성(가운뎃소리)인 모음의 처음 소리인 ㅏ, ㅑ에 붙여 읽는다고 하여 '가갸글' 등의 이름이 훈민정음을 얕잡아 부르던 이름들이었어요.

구한말에는 '나라의 글'이란 뜻으로 '국문(國文)'이라고 불렀으며 지금도 종종 국문이라 칭하는데, 주시경 선생은 1911년에 '국어'라는 말 대신에 '배달말'이라는 말을 사용하다가 아무래도 '배달'이라는 단어가 생소할 수 있다는 생각에 일제강점기를 전후하여 '한글'이라고 작명했다고 알려졌어요.

'한글'의 뜻은 '크다, 많다'라는 뜻과 '한(韓)나라의 글'이라는 뜻도 있고, '큰 글', '세상에서 첫째가는 글'이란 뜻처럼 여러 가지 좋은 뜻이 담겨 있는 이름이에요. 그런데 북한에서는 '한글'이라고 하지 않고, '조선글'이라고 불러요.

일곱. 훈민정음의 자모음 이름은 누가 지었나요?

지금 우리가 사용하는 한글의 자음을 '기역, 니은, 디귿, 리을, 미음 비읍, 시옷…' 등으로 부르는 글자 이름은 세종대왕이 훈민정음을 창제한 당시에는 이런 이름이 없었어요.

훈민정음 반포 후 81년이 지난 1527년(중종 22)에 최세진이라는 학자가 양반집 자녀들을 가르치기 위해서 《훈몽자회(訓蒙字會)》라는 한자 학습서를 편찬했어요. 이 책에서 새·짐승·풀·나무의 이름을 나타내는 글자를 위주로 4자씩 종류별로 묶어서, 총 3,360자나 되는 많은 한자를 수록하였는데, 한자의 글자마다 언문으로 음과 뜻을 달았어요.

바로 이 《훈몽자회》에서 처음으로 훈민정음 자음 글자와 모음 글자의 이름을 한자를 이용하여 지었는데 다음과 같아요.

ㄱ(其役 : 기역), ㄴ(尼隱 : 니은), ㄷ(池末 : 디귿), ㄹ(梨乙 : 리을), ㅁ(眉音 : 미음), ㅂ(非邑 : 비읍), ㅅ(時衣 : 시옷), ㆁ(異凝 : 이응)과 같이 두 글자씩 지었는데, 이유는 초성(첫소리)과 종성(끝소리)에 통용하여 쓰는 글자이기 때문이라고 설명하고 있어요.

그리고 ㅋ(箕 : 키), ㅌ(治 : 티), ㅍ(皮 : 피), ㅈ(之 : 지), ㅊ(齒 : 치), ㅿ(而 : 이), ㅇ(伊 : 이), ㅎ(屎 : 히)와 같이 여덟 자는 한 글자로 이름을 지었는데, 이유는 초성(첫소리)에만 쓰이는 글자이기 때문이라고 해요.

또 중성(가운뎃소리)에만 쓰이는 열한 개의 글자는 ㅏ(阿 : 아), ㅑ(也 : 야), ㅓ(於 : 어), ㅕ(余 : 여), ㅗ(吾 : 오), ㅛ(要 : 요), ㅜ(牛 : 우), ㅠ(由 : 유), ㅡ(應 不用終聲 : 으), ㅣ(伊 : 이), ·(思 不用初聲 : 아래아)와 같이 발음을 적었어요.

그런데, ㄷ(池末)에서 '池(연못 지)'에서 '지'라는 음 대신 옛날식 표기인 '디'를 표기하였고, '귿'이라는 음의 한자가 없으므로, '末(끝 말)'에서 '끝'이라는 뜻의 옛날식 표기인 '귿'을 취하여 '디귿'이라고 발음을 적었어요. 그리고, ㅅ(時衣)에서 '옷'이라는 음을 가진 한자가 없으므로 '衣(옷 의)'의 음 대신 '옷'이라는 뜻을 취하여 '시옷'으로 적는 방법으로 만들었다는 것을 알 수 있어요.

두 번째.
훈민정음 해례본을 쉽게 풀이해 볼까요?

하나. 훈민정음 창제 이유와 목적 [어제 서문]

➡ 새롭게 만든 문자 훈민정음에 대한 글을 읽기 시작하는 사람들의 이해를 돕기 위해 훈민정음을 어째서 창제하게 되었는지 동기를 밝히기 위하여 세종대왕이 몸소 지은 머리글이에요.

훈민정음
➡ 백성을 가르치는 바른 소리라는 뜻이에요.

우리나라의 말소리가 중국에서 쓰는 것과 다르고, 중국의 한자를 쓰는 것도, 한자의 글자 모양은 같지만, 한자의 음에서는 서로 소통하려고 할 때 물 흐르듯이 원활하지 않고 있다. 이런 까닭에 글자를 모르는 백성들이 우리 조정을 향해서 억울함 같은 것을 말로 전하고 싶은 것이 있어도, 마침내 자기의 뜻을 능히 말과 글로써 펼치지 못하는 사람이 많았다. 내가 이를 어여삐 여겨서, 새로운 스물여덟 글자를 만들었으니, 사람들이 쉽게 익혀서 날마다 편하게 쓰기를 바랄 뿐이다.

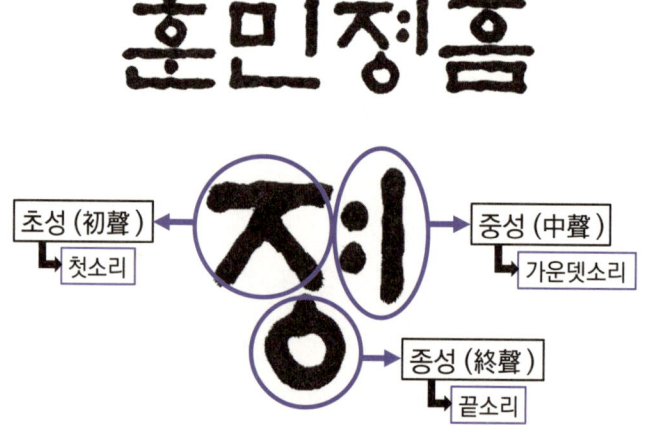

둘. 새로운 글자 보기와 뜻 간단 소개 [예의]

➡ 세종대왕이 직접 쓴 자음자와 모음자의 음가와 운용 방법에 대해 풀이한 부분이에요.

❖ ㄱ(기역)은 어금닛소리이니, 君[임금 군]이라는 한자를 '군'이라고 발음할 때 입에서 처음 나가는 소리를 'ㄱ'과 같은 모양으로 글자를 쓴다.

그리고 이 'ㄱ'을 나란히 쓰면 'ㄲ' 같은 모양이 되는데, 발음은 虯[규룡 규]라는 한자를 세종 대왕 당시에는 '뀨'라고 말할 때 입에서 처음 나가는 소리를 'ㄲ'과 같은 모양으로 글자를 쓴다고 *설명해 주고 있어요.*

❖ ㅋ(키읔)은 어금닛소리이니, 快[쾌할 쾌]라는 한자를 세종 대왕 당시에는 '쾡(종성 ㅇ은 발음하지 않음)'라고 발음할 때 입에서 처음 나가는 소리를 'ㅋ'과 같은 모양으로 글자를 쓴다고 *설명해 주고 있어요.*

❖ ㆁ(꼭지 이응 또는 옛이응)은 어금닛소리이니, 業[업 업]이라는 한자를 세종 대왕 당시에는 '업'이라고 발음할 때 입에서 처음 나가는 소리를 'ㆁ'과 같은 모양으로 글자를 쓴다고 *설명해 주고 있어요.*

❖ ㄷ(디귿)은 혓소리이니, 斗[말 두]라는 한자를 세종 대왕 당시에는 '둘'라고 발음할 때 입에서 처음 나가는 소리를 'ㄷ'과 같은 모양으로 글자를 쓴다.

그리고 이 'ㄷ'을 나란히 쓰면 'ㄸ' 같은 모양이 되는데, 발음은 覃[미칠 담]이라는 한자를 세종 대왕 당시에는 '땀'이라고 말할 때 입에서 처음 나가는 소리를 'ㄸ'과 같은 모양으로 글자를 쓴다고 *설명해 주고 있어요.*

❖ ㅌ(티읕)은 혓소리이니, 呑[삼킬 탄]이라는 한자를 세종 대왕 당시에는 '톤'이라고 발음할 때 입에서 처음 나가는 소리를 'ㅌ'과 같은 모양으로 글자를 쓴다고 *설명해 주*

고 있어요.

❖ ㄴ(니은)은 혓소리이니, 那[어찌 나]라는 한자를 세종 대왕 당시에는 '낭(종성 ㅇ은 발음하지 않음)'라고 발음할 때 입에서 처음 나가는 소리를 'ㄴ'과 같은 모양으로 글자를 쓴다고 설명해 주고 있어요.

❖ ㅂ(비읍)은 입술소리이니, 彆[활 뒤틀릴 별]이라는 한자를 세종 대왕 당시에는 '볋'이라고 발음할 때 입에서 처음 나가는 소리를 'ㅂ'과 같은 모양으로 글자를 쓴다.

그리고 이 'ㅂ'을 나란히 쓰면 'ㅃ' 같은 모양이 되는데, 발음은 步(걸음 보)라는 한자를 세종 대왕 당시에는 '뽕(종성 ㅇ은 발음하지 않음)'라고 말할 때 입에서 처음 나가는 소리를 'ㅃ'과 같은 모양으로 글자를 쓴다고 설명해 주고 있어요.

❖ ㅍ(피읖)은 입술소리이니, 漂[떠돌 표]라는 한자를 세종 대왕 당시에는 '푷'라고 발음할 때 입에서 처음 나가는 소리를 'ㅍ' 같은 모양으로 글자를 쓴다고 설명해 주고 있어요.

❖ ㅁ(미음)은 입술소리이니, 彌[두루 미]라는 한자를 세종 대왕 당시에는 '밍(종성 ㅇ은 발음하지 않음)'라고 발음할 때 입에서 처음 나가는 소리를 'ㅁ' 같은 모양으로 글자를 쓴다고 설명해 주고 있어요.

❖ ㅈ(지읒)은 잇소리이니, 卽[곧 즉]이라는 한자를 '즉'이라고 발음할 때 입에서 처음 나가는 소리를 'ㅈ' 같은 모양으로 글자를 쓴다.

그리고 이 'ㅈ'을 나란히 쓰면 'ㅉ' 같은 모양이 되는데, 발음은 慈(사랑 자)라는 한자를 세종 대왕 당시에는 '쫑(종성 ㅇ은 발음하지 않음)'라고 말할 때 입에서 처음 나가는 소리를 'ㅉ' 같은 모양으로 글자를 쓴다고 설명해 주고 있어요.

❖ ㅊ(치읓)은 잇소리이니, 侵[침노할 침]이라는 한자를 '침'이라고 발음할 때 입에서 처음 나가는 소리를 'ㅊ' 같은 모양으로 글자를 쓴다고 설명해 주고 있어요.

❖ ㅅ(시옷)은 잇소리이니, 戌[개 술]이라는 한자를 세종 대왕 당시에는 '슗'이라고 발음할 때 입에서 처음 나가는 소리를 'ㅅ' 같은 모양으로 글자를 쓴다.

그리고 이 'ㅅ'을 나란히 쓰면 'ㅆ' 같은 모양이 되는데, 발음은 邪[간사할 사]라는 한자를 세종 대왕 당시에는 '쌰(종성 ㅇ은 발음하지 않음)'라고 말할 때 입에서 처음 나가는 소리를 'ㅆ' 같은 모양으로 글자를 쓴다고 설명해 주고 있어요.

❖ ㆆ(여린 히읗)은 목구멍소리이니, 挹[뜰 읍]이라는 한자를 세종 대왕 당시에는 '흡'이라고 발음할 때 입에서 처음 나가는 소리를 'ㆆ' 같은 모양으로 글자를 쓴다고 설명해 주고 있어요.

❖ ㅎ(히읗)은 목구멍소리이니, 虛[빌 허]라는 한자를 세종 대왕 당시에는 '헝(종성 ㅇ은 발음하지 않음)'라고 발음할 때 입에서 처음 나가는 소리를 'ㅎ' 같은 모양으로 글자를 쓴다.

그리고 이 'ㅎ'을 나란히 쓰면 'ㆅ' 같은 모양이 되는데, 발음은 洪[큰물 홍]이라는 한자를 세종 대왕 당시에는 '뽕'이라고 말할 때 입에서 처음 나가는 소리를 'ㆅ' 같은 모양으로 글자를 쓴다고 설명해 주고 있어요.

❖ ㅇ(이응)은 목구멍소리이니, 欲[하고자 할 욕]이라는 한자를 '욕'이라고 발음할 때 입에서 처음 나가는 소리를 'ㅇ' 같은 모양으로 글자를 쓴다고 설명해 주고 있어요.

❖ ㄹ(리을)은 반혓소리이니, 閭[이문 려]라는 한자를 세종 대왕 당시에는 '령(종성 ㅇ은 발음하지 않음)'라고 발음할 때 입에서 처음 나가는 소리를 'ㄹ' 같은 모양으로 글자를 쓴다고 설명해 주고 있어요.

❖ ㅿ(반시옷)은 반잇소리이니, 穰(볏짚 양)이라는 한자를 세종 대왕 당시에는 '샹'이라고 발음할 때 입에서 처음 나가는 소리를 'ㅿ' 같은 모양으로 글자를 쓴다고 설명해 주고 있어요.

❖ ㆍ(아)는 呑[삼킬 탄]이라는 한자를 세종 대왕 당시에는 '튼'이라고 발음할 때 나오는 가운뎃소리를 'ㆍ' 같은 모양으로 글자를 쓴다고 설명해 주고 있어요.

❖ ㅡ(으)는 卽[곧 즉]이라는 한자를 '즉'이라고 발음할 때 나오는 가운뎃소리를 'ㅡ' 같은 모양으로 글자를 쓴다고 설명해 주고 있어요..

❖ ㅣ(이)는 侵[침노할 침]이라는 한자를 '침'이라고 발음할 때 나오는 가운뎃소리를 'ㅣ' 같은 모양으로 글자를 쓴다고 설명해 주고 있어요.

❖ ㅗ(오)는 洪[큰물 홍]이라는 한자를 세종 대왕 당시에는 '뽕'이라고 발음할 때 나오는 가운뎃소리를 'ㅗ' 같은 모양으로 글자를 쓴다고 설명해 주고 있어요.

❖ ㅏ(아)는 覃[미칠 담]이라는 한자를 세종 대왕 당시에는 '땀'이라고 발음할 때 나오는 가운뎃소리를 'ㅏ' 같은 모양으로 글자를 쓴다고 설명해 주고 있어요.

❖ ㅜ(우)는 君[임금 군]이라는 한자를 '군'이라고 발음할 때 나오는 가운뎃소리를 'ㅜ' 같은 모양으로 글자를 쓴다고 설명해 주고 있어요.

❖ ㅓ(어)는 業[업 업]이라는 한자를 세종 대왕 당시에는 '업'이라고 발음할 때 나오는 가운뎃소리를 'ㅓ' 같은 모양으로 글자를 쓴다고 설명해 주고 있어요.

❖ ㅛ(요)는 欲[하고자 할 욕]이라는 한자를 '욕'이라고 발음할 때 나오는 가운뎃소리를 'ㅛ' 같은 모양으로 글자를 쓴다고 설명해 주고 있어요.

❖ ㅑ(야)는 穰[볏짚 양]이라는 한자를 세종 대왕 당시에는 '샹'이라고 발음할 때 나오는 가운뎃소리를 'ㅑ' 같은 모양으로 글자를 쓴다고 설명해 주고 있어요.

❖ ㅠ(유)는 戌[개 술]이라는 한자를 세종 대왕 당시에는 '슗'이라고 발음할 때 나오

는 가운뎃소리를 'ㅠ' 같은 모양으로 글자를 쓴다고 설명해 주고 있어요.

❖ ㅕ(여)는 彆[활뒤틀릴 별]이라는 한자를 세종 대왕 당시에는 '볋'이라고 발음할 때 나오는 가운뎃소리를 'ㅕ' 같은 모양으로 글자를 쓴다고 설명해 주고 있어요.

❖ 끝소리는 첫소리 글자를 다시 쓰면 된다고 설명해 주고 있어요.

❖ ㅇ(이응)을 입술소리의 아래에 이어 쓰면 입술 가벼운 소리가 된다. 입술소리는 ㅂ, ㅍ, ㅁ 세 글자인데, 이 글자 아래에 ㅇ을 이어 쓰면 'ㅱ, ㅸ, ㆄ' 같은 모양의 글자가 되고, 이 글자들의 이름은 'ㅱ-미음 순경음', 'ㅸ-비읍 순경음', 'ㆄ-피읖 순경음'이 된다고 설명해 주고 있어요.

❖ 첫소리를 서로 다른 글자끼리 쓸 때는 옆으로 나란히 쓰라. 즉 'ㅺ, ㅼ, ㅽ, ㅳ, ㅄ, ㅴ, ㅵ, ㅷ'과 같이 쓰라는 것이고, 끝소리도 마찬가지로 'ㄳ, ㄺ, ㄻ, ㄼ, ㆅ'과 같이 서로 다른 글자끼리 옆으로 나란히 쓰는 것은 첫소리와 방법이 같다고 설명해 주고 있어요.

❖ 가운뎃소리인 ㆍ와 ㅡ와 ㅗ와 ㅜ와 ㅛ와 ㅠ 여섯 글자는 첫소리 아래에 붙여 쓰는 가운뎃소리 글자이고, ㅣ와 ㅏ와 ㅓ와 ㅑ와 ㅕ 다섯 글자는 첫소리의 오른쪽에 붙여 쓰는 가운뎃소리 글자이다.

그리고 모든 글자는 반드시 합쳐야 소리를 이루게 되는데, 소리의 높낮이를 표시하는 방법을 설명하면, 왼쪽에 한 점을 찍으면 곧 높은 소리를 표시한 것인데 이것을 '거성[去聲]'이라고 하고, 두 개의 점을 찍으면 처음이 낮고 나중이 높은 소리를 표시한 것인데 이것을 '상성[上聲]'이라고 하고, 점이 없으면 낮고 평평한 소리를 나타내는 것인데 이것을 '평성[平聲]'이라고 하고, '입성[入聲]'이라고 하는 말은 점을 더하는 것은 한 점을 더하는 '거성'이나 두 점을 더하는 '상성'과 같이 표시하지만 다른 것은 빠른 소리라는 것이라고 설명하고 있어요.

셋. 글자를 만듦에 대한 풀이 [제자해]

➡ 『훈민정음』 '해례'의 첫 번째 장으로서, 훈민정음의 제자 원리와 방법, 새로 만든 글자의 특성 등을 설명하고, 끝에 '결(訣)'을 두어 「중성해」의 내용을 7언시로 읊었어요.

하늘과 땅의 원리는 오로지 음양오행일 뿐이다. 곤괘[坤卦]와 복괘[復卦]의 사이가 태극이 되고, 움직였다가 멈춘 뒤에 음양이 생긴다.

무릇 하늘과 땅 사이에 존재하는 생명체들이 음양을 버린다면 어떻게 될 것인가? 그러므로 사람의 목소리에도 모두 음양의 이치가 있는데 사람이 살펴 깨닫지 못할 뿐이다. 이제 정음[正音-'훈민정음'을 줄여서 부르는 이름]을 지은 것은 맨 처음에 재주를 부리거나 애써 찾아낸 것이 아니라 다만, 사람이 내는 목소리에 따라서 그 이치를 다했을 뿐이다. 이치라는 것은 본래 둘이 아니어서 의심할 여지가 없으니, 천지신명이 아니고서야 어찌 정음의 쓰임을 알 수 있었겠는가?

❖ 정음[正音] 스물여덟 글자는 각각 그 형상[꼴]을 본떠서 만들었다고 풀어주고, 첫소리에 해당하는 글자는 모두 열일곱 글자라고 *설명하고 있어요.*

❖ 아음[牙音] 즉 어금닛소리 ㄱ은 혀뿌리가 목구멍을 막는 모양을 형상화하고,

❖ 설음[舌音] 즉 혓소리 ㄴ은 혀가 윗잇몸에 붙는 모양을 형상화하고,

❖ 순음[脣音] 즉 입술소리 ㅁ은 입 모양을 형상화하고,

❖ 치음[齒音] 즉 잇소리 ㅅ은 이빨 모양을 형상화하고,

❖ 후음[喉音] 즉 목구멍소리 ㅇ은 목구멍 모양을 형상화하였다고 *설명하면서,*

❖ ㅋ은 ㄱ에 비해 소리가 세게 나는 까닭으로 획을 더하였는데, ㄴ에서 ㄷ, ㄷ에서 ㅌ, ㅁ에서 ㅂ, ㅂ에서 ㅍ, ㅅ에서 ㅈ, ㅈ에서 ㅊ, ㅇ에서 ㆆ, ㆆ에서 ㅎ이 만들어진 방법도 그 소리의 빠르기에 따라서 획을 더한 뜻은 모두 같으나, 오직 ㆁ만은 달리했다고 설명하고 있어요.

❖ 반혓소리 ㄹ, 반잇소리 ㅿ도 또한 혀[舌설]와 이[齒치]의 모양을 형상화했으나 그 글자의 모양[字形]은 혓소리의 ㄷ이나 ㅌ, 잇소리의 ㅈ이나 ㅊ과는 달리하였는데 소리가 점점 빠르게 나기 때문에 획을 덧붙인 ㄱ에서 ㅋ, ㄴ에서 ㄷ, ㅇ에서 ㆆ과 같은 가획[加劃-획수를 더해 새로운 글자를 만드는 것]의 뜻은 없다고 설명하고 있어요.

❖ 대저 사람이 내는 목소리는 오행[五行-목화토금수(木火土金水)]에 근본을 두고 있으므로, 4계절과 짝하여도 어그러지지 않고, 오음[五音-궁상각치우(宮商角徵羽)]에 맞추어도 어긋나지 않는 것이라고 설명하고 있어요.

❖ 목구멍[喉후]은 깊고 젖어 있으니, 오행으로는 물[水수]이다. (목구멍이) 텅 비어서 막힘없이 나는 소리로, 마치 물이 맑아서 없는 것 같지만 밝아서 막힘없이 통하는 것과 같다. 계절로는 겨울[冬동]이 되고, 오음으로는 우[羽]가 되는 것이라고 설명하고 있어요.

❖ 어금니[牙아]는 (식도와) 어긋나 있고 길다. 오행으로는 나무[木목]에 해당한다. 소리는 목구멍소리 즉 후음[喉音]과 비슷하나 소리가 실하니, 나무가 물에서 나서 형체가 생기는 것과 같다. 계절로는 봄[春춘]이 되고, 오음으로는 각[角]이 되는 것이라고 설명하고 있어요.

❖ 혀[舌설]는 날카로우면서 움직이니, 오행으로는 불[火화]에 해당한다. 소리가 구르고 날리니, 불이 이글거리며 타오르는 것과 같다. 계절로는 여름[夏하]이 되고, 오음으로는 치[徵]가 되는 것이라고 설명하고 있어요.

❖ 이[齒치]는 단단하고 물건을 끊으니, 오행으로는 쇠[金금]에 해당한다. 소리가 부스러지고 엉기는 것은, 마치 쇠가 자질구레한 철을 불에 달구어 두드리어 만들어지는 것과 같다. 계절로는 가을[秋추]이 되고, 오음으로는 상[商]이 되는 것이라고 설명하고 있어요.

❖ 입술[脣순]은 모나면서 합해지니, 오행으로는 흙[土토]에 해당한다. 소리가 머금고 넓으니, 땅이 만물을 품어서 넓고 큰 것과 같다. 계절로는 늦여름[季夏계하]이 되고, 오음으로는 궁[宮]이 된다. 그러나 물은 만물을 낳는 근원이요, 불은 만물을 이루어 내는 작용을 한다. 그러므로 오행 중에서는 물과 불이 으뜸이 되는 것이라고 설명하고 있어요.

❖ 목구멍은 소리가 나오는 문이요, 혀는 소리를 변별해내는 기관이다. 그러므로 오음의 가운데에 목구멍소리와 혓소리 즉 설음[舌音]이 주가 되는 것이라고 설명하고 있어요.

❖ 목구멍은 뒤에 있고 어금니는 그다음이니, 북쪽과 동쪽의 방위다. 혀와 이[齒치]는 그 앞에 있으니, 남쪽과 서쪽의 방위다. 입술은 입 끝에 있고, 또한 흙[土토]은 일정한 방위가 없지만 네 방위에 의지해서 네 계절의 의미를 왕성하게 하는 것이라고 설명하고 있어요.

❖ 그래서 입술소리는 첫소리 가운데 스스로 음양·오행·방위의 수[數수]가 있음이다고 설명하고 있어요.

❖ 또 목소리[聲音성음]의 청탁으로써 말하자면, ㄱ, ㄷ, ㅂ, ㅈ, ㅅ, ㆆ은 예사맑은소리가 되고, ㅋ, ㅌ, ㅍ, ㅊ, ㅎ은 거센소리가 되고, ㄲ, ㄸ, ㅃ, ㅉ, ㅆ, ㆅ은 된소리가 되고, ㆁ, ㄴ, ㅁ, ㅇ, ㄹ, ㅿ은 울림소리가 된다고 설명하고 있어요.

❖ ㄴ, ㅁ, ㅇ은 그 소리가 가장 거세지 않으므로 차례는 비록 뒤에 있으나, 모양을 본

떠서 글자를 만듦에 있어서는 시초로 삼았다고 설명하고 있어요.

❖ ㅅ과 ㅈ은 비록 모두 예사맑은소리이지만 그러나 ㅅ은 ㅈ에 비하여 소리가 빠르지 않은 까닭에 또한 글자를 만듦에 있어서는 시초로 삼았다고 설명하고 있어요.

❖ 다만 어금닛소리의 ㆁ은 비록 혀뿌리가 목구멍을 닫고 소리의 기운이 코로 나와서 그 소리가 ㅇ과 비슷하므로, 운서에서도 疑(의)자 초성인 ㆁ과 喩(유)자 첫소리인 ㅇ이 자주 서로 혼용하여 많이 쓰였으며, 여기서도 또한, 목구멍의 모양을 본뜬 것을 취하였지만, ㆁ을 어금닛소리의 글자 만드는 처음으로 두지 않았다고 설명하고 있어요.

❖ 이것은 목구멍은 물에 속하고 어금니는 나무에 속하므로, ㆁ이 비록 어금닛소리에 있지만, 목구멍소리인 ㅇ과 비슷한 것은, 마치 나무의 싹이 물에서 나와서 부드럽고 여려서, 아직 물기가 많은 것과 같다고 설명하고 있어요.

❖ 어금닛소리의 ㄱ은 나무가 바탕을 이룬 것이요, ㅋ은 나무가 무성히 자란 것이며, ㄲ은 나무가 오래되어 장대한 모습이 된 것이므로, 이 ㄱ, ㅋ, ㄲ에 이르기까지 모두 어금니의 모양을 취하였다고 설명하고 있어요.

❖ 예사맑은소리 ㄱ, ㄷ, ㅂ, ㅈ, ㅅ, ㆆ 글자를 나란히 쓰면 된소리 ㄲ, ㄸ, ㅃ, ㅉ, ㅆ, ㆅ이 되는 것은, 그 예사맑은소리의 소리가 엉기면 된소리가 되기 때문이다. 오직 목구멍소리 ㆁ, ㆆ, ㅎ만은 예사맑은소리 ㆆ이 아닌 거센소리 ㅎ이 된소리가 되는데, 이는 ㆆ소리는 혀의 축소되는 정도가 깊어서 입안 뒤쪽에서 소리가 나므로 길게 늘어지지 않고, ㅎ소리는 ㆆ에 비해 혀의 축소되는 정도가 얕아서 입안 앞쪽에서 소리가 나므로 길게 늘어져 된소리가 되기 때문이라고 설명하고 있어요.

❖ ㅇ을 입술소리 ㅁ, ㅂ, ㅃ, ㅍ의 아래에 이어 쓰면 입술가벼운소리 ㅱ, ㅸ, ㅹ, ㆄ이 되는 것은, 소리가 가볍고 입술이 살짝 붙으면서 목구멍소리가 많기 때문이라고 설명하고 있어요.

❖ 가운뎃소리는 모두 열한 글자라고 설명하고 있어요.

❖ •는 혀가 뒤로 오그라지며 그 소리는 입안 뒤쪽 깊은 곳에서 나온다. 하늘이 자시[子時]에 열린 것같이 첫 번째로 만들어졌다. 둥근 모양은 하늘을 형상화한 것이라고 설명하고 있어요.

❖ ─는 혀가 조금 오그라지며 그 소리는 깊지도 않고 얕지도 않은 입안 가운데서 나온다. 땅이 축시[丑時]에 열린 것 같이 두 번째로 만들어졌다. 모양이 평평한 것은 땅을 형상화한 것이라고 설명하고 있어요.

❖ ㅣ는 혀가 오그라지지 않으며 그 소리는 입안 앞쪽 얕은 곳에서 나온다. 사람이 인시[寅時]에 생긴 것 같이 세 번째로 만들어졌다. 모양이 서 있음은 사람을 형상화한 것이라고 설명하고 있어요.

❖ 이에 아래의 여덟 소리는 한번은 닫힘이며 한번은 열림이라고 설명하고 있어요.

❖ ㅗ는 •와 소리 내는 것은 같으나 입이 오물어지고, 그 모양은 •가 ─와 어우러져서 이룸이며, 하늘과 땅이 처음으로 사귄다는 뜻을 취하였다고 설명하고 있어요.

❖ ㅏ는 •와 소리 내는 것은 같으나 입이 벌어지고, 그 모양은 ㅣ가 •와 어우러져서 이루어졌으며, 천지의 작용이 사물에 피어나서 사람에 의지해서 이루어짐을 취하였다고 설명하고 있어요.

❖ ㅜ는 ─와 소리 내는 것은 같으나 입이 오므려지고, 그 모양(꼴)은 ─가 •와 어우러져서 이루어졌으며, 역시 하늘과 땅이 처음으로 사귄다는 뜻을 취하였다고 설명하고 설명하고 있어요.

❖ ㅓ는 ─와 소리 내는 것은 같으나 입이 벌어지고, 그 모양은 •와 ㅣ가 어우러져

서 이룸이며, 역시 천지의 작용이 사물에 펴서 사람에 의지해서 이루어짐을 취하였다고 설명하고 있어요.

❖ ㅛ와 ㅗ는 소리 내는 것은 같으나 ㅣ에서 시작되고, ㅑ와 ㅏ는 소리 내는 것은 같으나 ㅣ에서 시작되고, ㅠ와 ㅜ는 소리 내는 것은 같으나 ㅣ에서 시작되고, ㅕ와 ㅓ는 소리 내는 것은 같으나 ㅣ에서 시작한다고 설명하고 있어요.

❖ ㅗ와 ㅏ와 ㅜ와 ㅓ는 하늘과 땅에서 비롯하니, 처음 나온 소리가 된다고 설명하고 있어요.

❖ ㅛ와 ㅑ와 ㅠ와 ㅕ는 ㅣ에서 일어나서 사람을 겸하니, 두 번째 나온 소리가 된다고 설명하고 있어요.

❖ ㅗ와 ㅏ와 ㅜ와 ㅓ의 둥근 점이 하나인[•] 것은, 그 소리가 처음에 생긴 뜻을 취한 것이다고 설명하고 있어요.

❖ ㅛ와 ㅑ와 ㅠ와 ㅕ의 둥근 점이 둘인[••] 것은, 그 소리가 두 번째로 생긴 뜻을 취함이다고 설명하고 있어요.

❖ ㅗ와 ㅏ와 ㅛ와 ㅑ의 둥근 점이 위와 바깥 쪽에 있는 것은, 그것이 하늘에서 나와서 양이 되기 때문이며, ㅜ와 ㅓ와 ㅠ와 ㅕ의 둥근 점이 아래와 안쪽에 있는 것은, 그것이 땅에서 나와서 음이 되기 때문이다고 설명하고 있어요.

❖ •가 여덟 소리에 일관되게 통하는 것은, 마치 양이 음을 거느려서 만물에 두루 통하는 것과 같다고 설명하고 있어요.

❖ ㅛ와 ㅑ와 ㅠ와 ㅕ가 모두 사람을 아우르는 것은, 사람이 만물의 영장[靈長]으로 능히 음양에 참여하기 때문이다고 설명하고 있어요.

❖ 하늘[天천], 땅[地지], 사람[人인]을 형상화하여 취하니 삼재[三才]의 도리가 갖추어졌다. 그러나 삼재는 만물 중에서 앞선 으뜸이 되고, 하늘은 또한 삼재의 근원이 되니, 마치 •와 ㅡ와 ㅣ세 글자가 여덟 글자의 머리[頭두]가 되고, •가 또한 세 글자의 관[冠]이 되는 것과 같다고 설명하고 있어요.

❖ ㅗ는 처음으로 하늘에서 생겨나니, 천[天] 1이고 물[水수]을 낳는 자리[位위]라고 설명하고 있어요.

❖ ㅏ는 그다음이니, 천[天] 3이고 나무[木목]을 낳는 자리[位위]라고 설명하고 있어요.

❖ ㅜ는 처음으로 땅에서 생겨나니, 지[地] 3이고 불[火화]을 낳는 자리[位위]라고 설명하고 있어요.

❖ ㅓ는 그다음이니, 지[地] 4이고 쇠를 낳는 자리[位위]라고 설명하고 있어요.

❖ ㅛ는 두 번째로 하늘에서 생겨나니, 천[天] 7이고 불[火화]을 이루어 내는 수[數]라고 설명하고 있어요.

❖ ㅑ는 그다음이니, 천[天] 9이고 쇠[金금]를 이루어 내는 수[數]라고 설명하고 있어요.

❖ ㅠ는 두 번째로 땅에서 생겨나니, 지[地] 6이고 물[水수]을 이루어 내는 수[數]라고 설명하고 있어요.

❖ ㅕ는 그다음이니, 지[地] 8이고 나무[木목]를 이루어내는 수[數]라고 설명하고 있어요.

❖ 물[水수]과 불[火화]은 아직 기[氣]에서 벗어나지 못하여, 음양이 사귀어 어우르는 시초이므로 (입이 벌어지는 정도가) 작다라고 설명하고 있어요

❖ 나무[木목]와 쇠[金금]는 음양이 고정된 바탕이므로, (입이 벌어지는 정도가) 크다라고 *설명하고 있어요*

❖ •는 천[天] 5이고 흙[土토]을 낳는 자리[位위]라고 *설명하고 있어요*

❖ ㅡ는 지[地] 10이고 흙[土토]을 이루어 내는 수[數]라고 *설명하고 있어요*

❖ ㅣ만 홀로 자리[位위]와 수[數]가 없는 것은, 아마도 천지 만물이 이룩되기 전에 아무것도 없는 상태의 본성인 사람이 음양오행의 정수[精髓]가 묘하게 합하고 엉기어서 이루어졌기 때문에, 본디 자리를 정하고 수를 논할 수 없다. 이는 곧 가운뎃소리 중에서 스스로 음양·오행·방위의 수를 모두 갖추고 있다고 *설명하고 있어요*

❖ 첫소리로써 가운뎃소리에 대비해서 말하자면, 음양은 하늘의 도[道]이고, 굳셈과 부드러움은 땅의 도[道]라고 *설명하고 있어요*

❖ 가운뎃소리란, 혀의 수축 정도가 한번 깊으면 한번은 얕고, 발음할 때 입을 벌리는 정도가 한번 닫히면 한번은 열리니, 이는 곧 음양이 나뉘고 오행의 기운이 갖추어짐이니, 하늘[•]의 작용이라고 *설명하고 있어요*

❖ 첫소리란, 어떤 때는 비어 있고, 어떤 때는 차 있으며, 어떤 때는 날리고, 어떤 때는 막히며, 어떤 때는 무겁기가 가벼운 듯하니, 이는 곧 단단함과 부드러움이 나타나서 오행의 바탕을 이룸이니, 땅의 공로라고 *설명하고 있어요*

❖ 가운뎃소리가 혀의 수축 정도의 깊고 얕음과 발음할 때 입을 벌리는 정도를 닫히고 열려짐으로써 앞에서 먼저 부르면, 첫소리는 아설순치후[牙舌脣齒喉] 오음의 짧은 소리와 긴소리로써 뒤따라서 화답하여, 첫소리가 되고 또 끝소리가 된다. 또한, 만물이 처음 땅에서 생겨나서 다시 땅으로 돌아감을 볼 수 있다고 *설명하고 있어요.*

❖ 첫소리·가운뎃소리·끝소리가 합쳐서 이루는 글자를 말하자면, 또한 어떤 움직임과 멈춤이 번갈아드는 것으로 인하여 음양이 교차하여 바뀐다는 뜻이다. 움직이는 것은 하늘[•]이요, 멈추어 있는 것은 땅[ㅡ]이요, 움직임과 멈춤을 번갈아 아우르는 것은 사람[ㅣ]이다. 이는 오행이 하늘에 있어서는 신[神]의 운행이요, 땅에 있어서는 바탕을 이룸이요, 사람에 있어서는 인[仁]·예[禮]·신[信]·의[義]·지[智]가 있으면 신의 운행이요, 간장·심장·비장·폐장·신장은 바탕을 이룸이다고 *설명하고 있어요.*

❖ 첫소리는 발하여 움직이는 뜻이 있으니, 하늘의 일이고 끝소리는 그치고 정해지는 뜻이 있으니, 땅의 일이고 가운뎃소리는 첫소리가 생기는 것을 이어받아, 끝소리가 이루어주는 것을 이어주니, 사람의 일이라고 *설명하고 있어요.*

❖ 이는 자운의 핵심은 가운뎃소리에 있고, 가운뎃소리는 첫소리와 끝소리와 합하여서 소리를 이룬다. 또한, 천지가 만물을 이루어내는데 그것을 조절하고 도와주어 기르려면 반드시 사람에게 의지해야 하는 것과 같다고 *설명하고 있어요.*

❖ 끝소리에 첫소리를 다시 쓰는 것은, 그것이 움직여서 양[陽]인 것도 건[乾하늘]이요, 멈추어서 음[陰]인 것도 또한 건[乾]이니, 건은 사실 음양으로 나뉘어도 다스리지 않음이 없기 때문이다고 *설명하고 있어요.*

❖ 일원[一元]의 기운이 두루 흘러서 다함이 없고, 네 계절의 운행이 순환하여 끝이 없는 까닭으로, 정[貞]이 가면 다시 원[元]이 오고, 겨울이 가면 다시 봄이 오는 것이다. 첫소리가 다시 끝소리로 됨도, 끝소리가 다시 첫소리가 됨도, 또한 이러한 뜻이다고 *설명하고 있어요.*

❖ 아아! 정음이 만들어져서 천지 만물의 이치가 모두 갖추어졌으니, 그 신령함이여! 이는 분명 하늘이 성군 세종대왕의 마음을 열어 재주를 빌려주신 것이로다고 *설명하고 있어요.*

➡ 제자해[制字解]의 끝부분에는 "訣曰[결왈]" 즉 '이상에 대한 요결은 이러하다'라고 시작한 후, 각각의 행마다 일곱 자의 한자로 쓴 한시 형식으로 정리를 하여 요약해 놓았는데 '요결(要訣)'이란 '가장 중요한 방법이나 긴요한 뜻'이라는 한자어에요.

❖ 요약해서 긴요한 뜻을 말하면 :
  ◆ 천지의 조화는 본래 하나의 기[氣]를 바탕으로 하여
  ◆ 음양・오행으로써 서로 시작과 마침을 이끌어 간다.
  ◆ 만물이 음양 사이에서 형체와 소리가 있으나,
  ◆ 근본은 다르지 아니하므로 이치와 수[數]가 통한다.
  ◆ 정음[正音]의 글자 만듦에는 그 모양을 중요시해,
  ◆ 소리의 세기에 따라 그때마다 획을 더했다.
  ◆ 소리는 어금니[아], 혀[설], 입술[순], 이[치], 목구멍[후]에서 나오니,
  ◆ 이것이 첫소리가 되어서 글자는 열일곱 자다.
  ◆ 어금닛소리는 혀뿌리가 목구멍을 막는 모양을 취하지만,
  ◆ 단, ㆁ[業업의 초성]은 ㅇ[欲욕의 초성]과 비슷하나, 뜻을 취함이 다르다.
  ◆ 혓소리는 혀끝이 윗잇몸에 붙은 모양을 형상화하고,
  ◆ 입술소리는 바로 입의 모양을 그대로 취한 것이다.
  ◆ 잇소리와 목구멍소리는 바로 이[齒]와 목구멍 모양이니,
  ◆ 이 다섯 가지 오음의 뜻을 알면 소리가 저절로 밝혀질 것이다.
  ◆ 또한 반혓소리 ㄹ과 반잇소리 ㅿ이 있으나,
  ◆ 모양 취함은 같으나 글자의 형체는 다르다.
  ◆ ㄴ[那낭의 초성], ㅁ[彌밍의 초성], ㅅ[戌슗의 초성], ㅇ[欲욕의 초성]은 소리가 빠르지 않기 때문에
  ◆ 차례는 비록 뒤에 두었으나, 모양을 형상화 하는데 시초가 되고
  ◆ 사계절과 천지간의 기운에 짝하여서,
  ◆ 오행과 오음에 맞지 않음이 없다.
  ◆ 목구멍소리는 물[水]이고 겨울이며 羽[우]가 되고,

◆ 어금닛소리는 봄이고 나무[木]이며 소리는 角[각]이다.
◆ 오음 중 徵[치]는 여름이고 불[火]이니 혓소리이며,
◆ 잇소리는 商[상]이고 가을이니 또 바로 쇠[金]이다.
◆ 입술소리는 방위[位] 수[數]가 본디 정함이 없으나
◆ 흙[土]이 되며 늦여름[季夏]이고, 宮[궁]음이 된다.
◆ 목소리는 또한 스스로 빠르고 느림이 있으니,
◆ 첫소리에서 자세히 살펴서 찾아보는 것을 요한다.
◆ 예사맑은소리는 ㄱ[君군의 초성], ㄷ[斗둘의 초성], ㅂ[彆볃의 초성]이며,
◆ ㅈ[即즉의 초성], ㅅ[戌슗의 초성], ㆆ[挹흡의 초성] 또한 예사맑은소리이다.
◆ ㅋ[快쾡의 초성], ㅌ[呑툰의 초성], ㅍ[漂푷의 초성], ㅊ[侵침의 초성], ㅎ[虛헝의 초성]과 같은 것은
◆ 다섯 음 즉 오음에서 각각 거센소리가 된다.
◆ 된소리에는 ㄲ[虯끃의 초성], ㄸ[覃땀의 초성]・ㅃ[步뽕의 초성]과
◆ 또한 ㅉ[慈쫑의 초성], ㅆ[邪썅의 초성]이 있고, 또 ㆅ[洪뽕의 초성]이 있는데,
◆ 예사맑은소리를 나란히 쓰면 된소리가 되나,
◆ ㆅ[洪뽕의 초성]만은 ㅎ[虛헝의 초성]에서 나왔으니 이것만은 다르다.
◆ ㆁ[業업의 초성], ㄴ[那낭의 초성], ㅁ[彌밍의 초성], ㅇ[欲욕의 초성] 및 ㄹ[閭령의 초성], ㅿ[穰샹의 초성]은,
◆ 그 소리가 울림소리이다.
◆ ㅇ[欲욕의 초성]을 입술소리 ㅁ, ㅂ, ㅃ, ㅍ의 아래에 이어 쓰면 곧 입술가벼운소리 ㅱ, ㅸ, ㅹ, ㆄ이 되어,
◆ 목구멍소리가 많고 입술은 잠깐 붙는다.
◆ 가운뎃소리 열한 글자도 또한 모양을 취하였으나,
◆ 자세한 뜻을 나타내기가 쉽지 않다.
◆ ・[呑툰의 중성]은 하늘을 형상화하였고, 소리는 혀의 수축 정도가 가장 깊다.
◆ 때문에 둥근 모양은 곧 탄환과 같다.
◆ ㅡ[即즉의 중성] 소리는 혀의 수축 정도가 깊지도 얕지도 않으니,
◆ 그 모양의 평평함은 땅을 형상화 하였다.

◆ㅣ[侵침의 중성]는 사람이 서 있는 것을 형상화하였으니 그 소리는 혀의 수축정도가 얕다.
◆이에 천[天], 지[地], 인[人] 삼재[三才]의 도가 갖추어졌도다.
◆ㅗ[洪흉의 중성]는 하늘에서 나와서 입의 벌어지는 정도가 닫혀 있는 듯 벌리니,
◆하늘[•]의 둥긂과 땅[ㅡ]의 평평함을 합하여 취했다.
◆ㅏ[覃땀의 중성] 또한 하늘[•]에서 나와서 입의 벌어지는 정도가 매우 크게 열려 있으니,
◆사물에 나타내어서 사람[ㅣ]이 이룬 것이다.
◆소리가 처음 생긴 뜻을 적용해 둥근 점은 하나요,
◆하늘[•]에서 나와 양이 되니 위와 밖에 있다.
◆ㅛ[欲욕의 중성]와 ㅑ[穰양의 중성]는 사람[ㅣ]을 겸해 두 번째 생기게 되니,
◆두 둥근 점[••, :]이 형태가 되어 그 뜻을 나타낸다.
◆ㅜ[君군의 중성], ㅓ[業업의 중성], ㅠ[戌슗의 중성], ㅕ[彆볃의 중성]가 땅에서 나오고,
◆보기[例]를 헤아려서 저절로 알게 되니 어찌 평해야 하리.
◆•[呑튼의 중성]가 여덟 소리를 꿰어 글자가 되는 것은,
◆오직 하늘의 작용이 골고루 널리 퍼지기 때문이다.
◆사성[四聲] 즉 평성, 상성, 거성, 입성이 사람을 겸하는 것 또한 까닭이 있으니,
◆사람이 천지에 참여해서, 가장 뛰어나기 때문이다.
◆또 삼성[三聲] 즉 초성, 중성, 종성의 지극한 이치를 탐구해보면,
◆단단함과 부드러움, 음과 양이 저절로 있다.
◆가운뎃소리는 하늘의 작용으로 음과 양으로 나뉘고,
◆첫소리는 땅의 공로로 단단함과 부드러움이 드러난다.
◆가운뎃소리가 먼저 부르면, 첫소리가 화답하나니,
◆하늘이 땅에 우선하는 자연의 이치다.
◆화답하는 것은 첫소리도 되고 또 끝소리도 되는 이유는,
◆만물은 모두 땅을 통해서 나고 땅으로 돌아가기 때문이다.
◆음이 변해 양이 되고, 양이 변해 음이 되니,

- ◆ 움직임과 멈춤이 서로 뿌리가 된다.
- ◆ 첫소리는 다시 또 뜻을 발생하는데,
- ◆ 양을 움직이게 하는 것은 하늘에서 주관한다.
- ◆ 끝소리는 땅에 비유돼 음의 멈춤이 있으니,
- ◆ 글자의 소리는 여기서 그쳐서 정해진다.
- ◆ 운모를 생성하는 핵심은, 가운뎃소리의 작용에 있나니,
- ◆ 사람은 능히 하늘과 땅이 서로 화합할 수 있도록 돕기 때문이다.
- ◆ 양이 작용하여 음에도 통하게 하여,
- ◆ 이르러 퍼지면 다시 제자리로 돌아간다.
- ◆ 첫소리와 끝소리가 비록 양의로 나뉜다고 해도,
- ◆ 끝소리에 첫소리를 다시 쓴 뜻을 알 수 있다.
- ◆ 정음의 글자는 오직 스물여덟 글자일 뿐이지만,
- ◆ 얽힘을 찾아 밝히고, 깊고 미묘함을 탐구한 것이다.
- ◆ 의향은 멀어도 말은 가까워, 백성을 이끌기 쉬우니,
- ◆ 하늘이 주심이지 어찌 지혜와 기교로 만들었으리요 라고 노래 가사처럼 풀이하고 있어요.

넷. 첫소리에 대한 풀이 [초성해]

➡ 『훈민정음』 '해례'의 두 번째 장으로서, 훈민정음에서 초성에 대한 정의를 내리고, 초성이 중성, 종성과 어울려 음절을 이루는 방법 등을 설명하고, 끝에 '결(訣)'을 두어 「초성해」의 내용을 7언시로 읊었어요.

❖ 정음의 첫소리는 운서의 자모[字母]이다. 성음이 이로 말미암아서 생겨났다. 그러므로 모[母]라고 한다고 설명하고 있어요.

❖ 어금닛소리는 君[군]자의 첫소리 ㄱ이니, ㄱ과 ㅜㄴ이 어울려 군이 된다고 설명하고 있어요.

❖ 快[쾡] 자의 첫소리는 ㅋ이니, ㅋ과 ㅙ가 어울려 쾌가 된다고 설명하고 있어요.

❖ 虯[뀨] 자의 첫소리는 바로 ㄲ이니, ㄲ과 ㅠ가 어울려 뀨가 된다고 설명하고 있어요.

❖ 業[업] 자의 첫소리는 ㆁ이니, ㆁ과 ㅓㅂ이 합하여 업이 되는 유(類)와 같은 것이라고 설명하고 있어요.

❖ 혓소리는 ㄷ[斗둘의 초성], ㅌ[吞튼의 초성], ㄸ[覃땀의 초성]과 ㄴ[那낭의 초성]이고, 입술소리는 ㅂ[彆볋의 초성], ㅍ[漂푤의 초성], ㅃ[步뽕의 초성], ㅁ[彌밍의 초성]이라고 설명하고 있어요.

❖ 잇소리는 ㅈ[即즉의 초성]과 ㅊ[侵침의 초성]과 ㅉ[慈쫑의 초성]과 ㅅ[戌슗의 초성]과 ㅆ[邪쌰의 초성]이라고 설명하고 있어요.

❖ 목구멍소리는 ㆆ[挹흡의 초성]과 ㅎ[虛헝의 초성]과 ㆅ[洪홍의 초성]과 ㅇ[欲욕의 초성]이라고 설명하고 있어요.

❖ 반혓소리와 반잇소리는 ㄹ[閭령의 초성]과 ㅿ[穰샹의 초성]이니 모두 이것을 모방하였다라고 설명하고 있어요.

➡ 초성해[初聲解]의 끝부분에는 "訣曰[결왈]" 즉 '이상에 대한 요결은 이러하다'라고 시작한 후, 각각의 행마다 일곱 자의 한자로 쓴 한시 형식으로 정리를 하여 요약해 놓았는데 '요결(要訣)'이란 '가장 중요한 방법이나 긴요한 뜻'이라는 한자어에요.

❖ 요약해서 긴요한 뜻을 말하면 :
  ◆ ㄱ[君군의 초성]과 ㅋ[快쾡의 초성]과 ㄲ[虯뀰의 초성]과 ㆁ[業업의 초성]은 그 소리가 어금닛소리이고
  ◆ 혓소리는 ㄷ[斗둘의 초성]과 ㅌ[呑튼의 초성]과 ㄸ[覃땀의 초성]과 ㄴ[那낭의 초성]이고
  ◆ ㅂ[彆볋의 초성]과 ㅍ[漂푤의 초성]과 ㅃ[步뽕의 초성]과 ㅁ[彌밍의 초성] 이것은 입술소리이고
  ◆ 잇소리는 ㅈ[即즉의 초성]과 ㅊ[侵침의 초성]과 ㅉ[慈쭝의 초성]과 ㅅ[戌슗의 초성]과 ㅆ[邪쌰의 초성]이고
  ◆ ㆆ[挹흡의 초성]과 ㅎ[虛헝의 초성]과 ㆅ[洪홍의 초성]과 ㅇ[欲욕의 초성]은 곧 목구멍소리이며
  ◆ ㄹ[閭령의 초성]은 반혓소리, ㅿ[穰샹의 초성]은 반잇소리이니
  ◆ 스물 석자 이것이 자모[字母]가 되어
  ◆ 온갖 소리가 생겨남은 모두 이로부터 생긴다라고 노래 가사처럼 풀이하고 있어요.

다섯. 가운뎃소리에 대한 풀이 [중성해]

➡ 『훈민정음』 '해례'의 세 번째 장으로서, 훈민정음에서 중성이 음절에 분포하는 위치와 초성·종성과 어울려 음절을 이루는 방법, 중성의 합용 방법 등을 설명 등을 설명하고, 끝에 '결(訣)'을 두어 「중성해」의 내용을 7언시로 읊었어요.

❖ 가운뎃소리라는 것은 자운의 가운데 놓여 첫소리, 끝소리와 합하여져 음을 이룬다고 설명하고 있어요.

❖ 마치 呑[툰]자의 가운뎃소리는 바로 •인데, •가 ㅌ과 ㄴ의 사이에 있어 '툰'이 되고,

❖ 卽[즉]자의 가운뎃소리는 바로 ㅡ인데, ㅡ가 ㅈ과 ㄱ의 사이에 있어 '즉'이 되고,

❖ 侵[침]자의 가운뎃소리는 바로 ㅣ인데, ㅣ가 ㅊ과 ㅁ의 사이에 있어 '침'이 되는 것과 같다고 설명하고 있어요.

❖ ㅗ[洪쏭의 중성], ㅏ[覃땀의 중성], ㅜ[君군의 중성], ㅓ[業업의 중성], ㅛ[欲욕의 중성], ㅑ[穰샹의 중성], ㅠ[戌슗의 중성], ㅕ[彆볋의 중성] 모두 이를 준거한다고 설명하고 있어요.

❖ 두 글자를 함께 쓰는 것은 ㅗ와 ㅏ는 함께 •에서 나왔으므로 합하여 ㅘ가 되고,

❖ ㅛ와 ㅑ도 또 함께 ㅣ에서 나왔으므로 합하여 ㆇ가 되고,

❖ ㅜ와 ㅓ가 함께 ㅡ에서 나왔으므로 합하여 ㅝ가 되고,

❖ ㅠ와 ㅕ는 또 함께 ㅣ에서 나왔으므로 합하여 ㆊ가 된다고 설명하고 있어요.

❖ 그들은 한 가지에서 나와서 무리가 되었으므로 서로 합하여도 어그러지지 않는다고 설명하고 있어요.

❖ 한 글자로 된 가운뎃소리로서 ㅣ와 서로 합하여지는 것은 열이니, ㆎ, ㅢ, ㅚ, ㅐ, ㅟ, ㅔ, ㆉ, ㅒ, ㆌ, ㅖ가 이것이라고 설명하고 있어요.

❖ 두 글자로 된 가운뎃소리로서 ㅣ와 서로 합하여지는 것은 넷이니, ㅙ, ㅞ, ㆈ, ㆋ가 이것이다고 설명하고 있어요.

❖ ㅣ가 혀의 자리에 따르고 입의 모양에 따라 소리에 두루 능히 서로 따를 수 있는 것은, 그것이 혀가 펴지고, 소리가 얕아서 입을 벌리기에 편하기 때문이다고 설명하고 있어요.

❖ 또한 가히 사람이 참찬하여 만물을 여는데, 통하지 않는 바가 없음을 볼 수 있는 것이다고 설명하고 있어요.

➡ 중성해[中聲解]의 끝부분에는 "訣曰[결왈]" 즉 '이상에 대한 요결은 이러하다'라고 시작한 후, 각각의 행마다 일곱 자의 한자로 쓴 한시 형식으로 정리를 하여 요약해 놓았는데 '요결(要訣)'이란 '가장 중요한 방법이나 긴요한 뜻'이라는 한자어에요.

❖ 요약해서 긴요한 뜻을 말하면 :
  ◆ 모음 자의 음마다 각기 맞음이 있으니
  ◆ 모름지기 가운뎃소리를 찾으면 벽합을 이루리라
  ◆ ㅗ[洪홍의 중성]와 ㅏ[覃땀의 중성]는 ㆍ[呑튼의 중성]에서 가히 함께 쓴 것이고
  ◆ ㅜ[君군의 중성]와 ㅓ[業업의 중성]가 나가면 또한 가히 합한다.
  ◆ ㅛ[欲욕의 중성]는 ㅑ[穰샹의 중성]와 ㅠ[戌슗의 중성]는 ㅕ[彆볋의 중성]와
  ◆ 각기 좇는 바의 의미를 가히 유추할 수 있다.
  ◆ ㅣ[侵침의 중성]의 쓰이게 됨이 가장 많이 있어서
  ◆ 열넷의 소리에 두루 서로 따른다라고 노래 가사처럼 풀이하고 있어요.

여섯. 끝소리에 대한 풀이 [종성해]

➡ 『훈민정음』 '해례'의 네 번째 장으로서, 음절에서 종성이 분포하는 위치, 초성, 중성과 어울려 음절을 이루는 방법, 4성의 완급에 따른 종성의 대립 관계, 8종성 가족용법, 8종성의 완급에 따른 대립 짝 등을 설명하고, 끝에 '결(訣)'을 두어 「종성해」의 내용을 7언시로 읊었어요.

❖ 끝소리란 것은 첫소리와 가운뎃소리를 이어서 글자의 운을 이루는 것이다고 설명하고 있어요.

❖ 가령 即(즉) 자의 끝소리는 ㄱ이니 ㄱ은 '즈'의 끝소리로 쓰여서 '즉'이 되고

❖ 洪(홍) 자의 끝소리는 ㆁ이니 ㆁ이 '호'의 끝에 있으면 '홍'이 되는 것과 같다고 설명하고 있어요.

❖ 혓소리 입술소리 잇소리 목구멍소리에는 느리고 빠름의 다름이 있으므로 낮고 평평한 소리인 '평성', 처음이 낮고 나중이 높은 소리인 '상성', 높은 소리인 '거성'은 그 끝소리의 빠르기가 '입성'의 촉급함과 같지 않다고 설명하고 있어요.

❖ 울림소리의 글자 'ㆁ, ㄴ, ㅁ, ㅇ, ㄹ, ㅿ'은 그 소리가 빠르지 않다. 그러므로 끝소리에 쓰면 낮고 평평한 소리, 처음이 낮고 나중이 높은 소리, 높은 소리에 알맞고, 예사맑은소리의 글자 ㄱ, ㄷ, ㅂ, ㅈ, ㅅ, ㆆ과 거센소리 즉 차청의 글자 ㅋ, ㅌ, ㅍ, ㅊ, ㅎ과 된소리의 글자 ㄲ, ㄸ, ㅃ, ㅉ, ㅆ, ㆅ은 그 소리가 빠르므로 끝소리로 쓰이면 빨리 끝닿는 소리에 알맞다고 설명하고 있어요.

❖ 그러므로 울림소리 ㆁ, ㄴ, ㅁ, ㅇ, ㄹ, ㅿ 여섯 자는 낮고 평평한 소리, 처음이 낮고 나중이 높은 소리, 높은 소리의 끝소리가 되고 그 나머지는 모두 빠른 소리의 끝소

리가 된다고 설명하고 있어요.

❖ 그러나 끝소리는 ㄱ, ㆁ, ㄷ, ㄴ, ㅂ, ㅁ, ㅅ, ㄹ 여덟 자만으로도 가히 족히 쓸 수 있다고 설명하고 있어요.

❖ **빗곶**은 배꽃[梨花이화]이 되고 **영·의갗**은 여우가죽[狐皮호피]이 된다. 그래서 ㅅ자로서 가히 통해 쓸 수 있으므로 ㅅ자 만을 쓴다고 설명하고 있어요.

❖ 또 ㅇ은 소리가 맑으면서 비어 있어서 반드시 끝소리에 쓰지 않아도 된다. 그래서 가운뎃소리만으로 가히 소리를 이룰 수 있다고 설명하고 있어요.

❖ ㄷ은 '볃'과 같이 彆[볃]의 끝소리가 되고

❖ ㄴ은 '군'과 같이 君[군]의 끝소리가 되고

❖ ㅂ은 '업'과 같이 業[업]의 끝소리가 되고

❖ ㅁ은 '땀'과 같이 覃[땀]의 끝소리가 되고

❖ ㅅ은 순수한 우리말의 '옷'과 같이 衣[옷 의]의 끝소리가 되고

❖ ㄹ은 우리말의 '실'과 같이 絲[실 사]의 끝소리가 되는 것과 같다고 설명하고 있어요.

❖ 오음 즉 어금닛소리, 혓소리, 입술소리, 잇소리, 목구멍소리는 느리고 빠름이 또한 각각 저절로 짝[對]이 되어서 어금닛소리의 ㆁ이 ㄱ의 짝[對]이 되어서 ㆁ을 빠르게 소리를 내면 변하여 ㄱ이 되어 급해지고 ㄱ 소리를 천천히 내면 변하여 ㆁ이 되어서 느려지는 것과 같다고 설명하고 있어요.

❖ 혓소리의 ㄴ, ㄷ과 입술소리의 ㅁ, ㅂ과 잇소리의 ㅿ, ㅅ과 목구멍소리의 ㅇ, ㆆ 또한 그 느림과 빠름이 짝[對]이 됨은 모두 이와 같다고 설명하고 있어요.

❖ 또 반혓소리의 ㄹ은 마땅히 우리말에 쓰이지만, 한문에는 쓸 수 없는 것이니 가령 빠른 소리의 彆[볃]자도 끝소리에서는 마땅히 ㄷ을 써야만 될 것이지만 세속의 풍습에서는 ㄹ로 읽으니 이것은 ㄷ이 ㄹ로 변하여서 된소리가 된 것이다. 만약 ㄹ을 彆의 끝소리로 쓴다면 그 소리가 퍼지고 느리어 빠른 소리가 되지 않는다고 설명하고 있어요.

➡ 종성해[終聲解]의 끝부분에는 "訣曰[결왈]" 즉 '이상에 대한 요결은 이러하다'라고 시작한 후, 각각의 행마다 일곱 자의 한자로 쓴 한시 형식으로 정리를 하여 요약해 놓았는데 '요결(要訣)'이란 '가장 중요한 방법이나 긴요한 뜻'이라는 한자어에요.

❖ 요약해서 긴요한 뜻을 말하면 :
- 울림소리 ㆁ, ㄴ, ㅁ, ㅇ, ㄹ, ㅿ을 끝소리에 쓴다면
- 낮고 평평한 소리, 처음이 낮고 나중이 높은 소리, 높은 소리는 되지만 빠른 소리는 되지 않으며
- 예사맑은소리 ㄱ, ㄷ, ㅂ, ㅈ, ㅅ, ㆆ과 거센소리 ㅋ, ㅌ, ㅍ, ㅊ, ㅎ 및 된소리 ㄲ, ㄸ, ㅃ, ㅉ, ㅆ, ㆅ을 끝소리에 쓰면
- 이것은 모두 빠른 소리가 되어 그 소리가 빠르게 된다.
- 첫소리를 끝소리로 쓰는 이치는 본래 그러하다.
- 다만 장차 여덟 자 ㄱ, ㆁ, ㄷ, ㄴ, ㅂ, ㅁ, ㅅ만으로도 다 쓰지 못함이 없다.
- 오직 ㅇ[欲(욕)] 소리만은 마땅히 있어야 할 곳에는 ㅇ을 생략하고
- 가운뎃소리만으로 음을 이루어 통할 수 있다.
- 만약 즉[即] 자를 쓰려면 ㄱ[君]을 끝소리에 쓰고,
- 홍[洪], 볃[彆] 자도 또한 끝소리는 ㆁ[業]과 ㄷ[斗]을 쓴다.
- 군[君], 업[業], 땀[覃]의 끝소리는 또 어떠할까?
- ㄴ[那]낭, ㅂ[彆]볃, ㅁ[彌]밍의 끝소리로써 차례로 미루어 알 수 있다.

- ◆ 여섯 글자 ㄱ, ㆁ, ㄷ, ㄴ, ㅂ, ㅁ의 소리는 한문과 우리말에 통하여 쓰이고
- ◆ ㅅ[戌슗]과 ㄹ[閭령]는 우리말의 옷[衣]과 실[絲]에만 쓰인다.
- ◆ 오음의 느리고 빠름이 각각 저절로 짝[對]이 되니
- ◆ ㄱ[君군] 소리는 바로 ㆁ[業업] 소리를 빠르게 낸 것이고
- ◆ ㄷ[斗뚤]과 ㅂ[彆볋]소리가 느리면 ㄴ[那낭]과 ㅁ[彌밍]이 되고
- ◆ ㅿ[穰양]과 ㅇ[欲욕]의 소리 또한 ㅅ[戌슗]과 ㆆ[挹흡]의 짝[對]이 된다.
- ◆ ㄹ[閭령]은 우리말에 써도 마땅하나 한문에는 씀이 마땅하지 않고
- ◆ ㄷ[斗뚤] 소리가 된소리 되어 ㄹ[閭령] 됨은 일반적인 관습이라고 노래 가사처럼 풀이하고 있어요.

일곱. 글자를 어울려 쓰는 방법에 대한 풀이 [합자해]

➡ 『훈민정음』 '해례'의 다섯 번째 장으로서, 자음자와 모음자를 결합하여 글자를 어울려 쓰는 방법에 관한 것 등을 설명하고, 끝에 '결(訣)'을 두어 「합자해」의 내용을 7언시로 읊었어요. 훈민정음 과학성의 핵심은 합자해에 있어요.

❖ 초성[初聲] 즉 첫소리와 중성[中聲] 즉 가운뎃소리, 종성[終聲] 즉 끝소리의 3성은 합하여야 글자를 이룬다고 설명하고 있어요.

❖ 첫소리를 가운뎃소리의 위에 쓰거나 혹은 가운뎃소리의 왼쪽에 쓰는데, 군[君] 자에서 ㄱ이 ㅜ의 위에 있고 업[業] 자에서 ㅇ이 ㅓ의 왼쪽에 있는 것과 같다고 설명하고 있어요.

❖ 가운뎃소리의 둥글게 된 글자와 가로로 된 •와 ㅡ와 ㅗ와 ㅛ와 ㅜ와 ㅠ는 첫소리의 아래에 쓰고, 세로로 된 가운뎃소리 ㅣ와 ㅏ와 ㅑ와 ㅓ와 ㅕ는 첫소리의 오른쪽에 쓰는 것인데, 툰[呑] 자의 •를 ㅌ의 아래에 쓰고, 즉[卽] 자의 ㅡ는 ㅈ의 아래에 쓰고, 침[侵] 자의 ㅣ는 ㅊ의 오른쪽에 쓰는 것과 같다고 설명하고 있어요.

❖ 끝소리는 첫소리와 가운뎃소리의 아래에 쓰는데, 군[君] 자의 ㄴ은 구의 아래에 쓰고, 업[業] 자의 ㅂ은 어 아래에 쓰는 것과 같다고 설명하고 있어요.

❖ 첫소리의 두 글자나 세 글자를 합쳐서 나란히 쓰는 우리말의 'ㅅㄷㅏ'가 地[지]의 뜻인 '땅'이 되고 'ㅆㅏㄱ'이 隻[척]의 뜻인 '짝'이 되고 'ㅆㅡㅁ'이 隙[극]의 뜻인 '틈'이 되는 것과 같다고 설명하고 있어요.

❖ 첫소리를 각자 나란히 쓰면 우리말 '혀'는 舌[설]의 뜻인 '혀'가 되지만 'ᅘㅕ'는 引[인]의 뜻인 '끌다'가 되고, '괴•여'는 '내가 사랑하는 사람'이 되지만 '괴ㆀㅕ'라고 쓰면

'남이 나를 사랑한다'가 되고, '소·다'는 '물건을 덮는다'가 되지만 '쏘·다'는 '그것을 쏜다'는 것과 같다고 설명하고 있어요.

❖ 가운뎃소리의 두 글자, 세 글자를 어울려 쓰면 우리말의 '·과'는 琴柱[금주] 즉 거문고 등의 줄을 받치는 기둥의 뜻이 되고 '··홰'는 炬[거]의 뜻인 '횃불'이 되는 것과 같다고 설명하고 있어요. .

❖ 끝소리의 두 글자나 세 글자를 합쳐서 나란히 쓰면 우리말 '훍'이 土[토]의 뜻인 '흙'이 되고 '·낛'이 釣[조]의 뜻인 '낚시'가 되고 '돐·빼'는 酉時[유시] 즉 '오후 5시부터 7시까지의 시간'의 뜻이 되는 것과 같다고 설명하고 있어요.

❖ 어울려 쓰는 것과 나란히 쓰는 첫소리, 가운뎃소리, 끝소리 모두 왼쪽으로부터 오른쪽으로 쓰는 것이다고 설명하고 있어요.

❖ 한문과 우리말을 섞어 쓴다면 한자의 음으로 인하여서 가운뎃소리와 끝소리로 보충하는 데 예를 들면 공자에 주격조사 ㅣ가 붙으면 '공자ㅣ'가 되고, 魯에 사이 ㅅ이 붙으면 魯ㅅ으로 '노나라의 :사롬'이 되는 것과 같다고 설명하고 있어요.

❖ 우리말에는 평성, 상성, 거성, 입성이 있는데, '활'이 弓[궁]의 뜻인 '활'이 되어서 그 소리는 평성이고 ':돌'이 石[석]의 뜻인 '돌'이 되면 그 소리는 상성이 되고 '갈'은 刀[도]의 뜻인 '칼'이 되면 그 소리가 거성이 되고 '붇'이 筆[필]의 뜻인 '붓'이 되면 그 소리는 입성이 되는 것과 같다고 설명하고 있어요.

❖ 모든 글자의 왼쪽에 한 점을 찍으면 거성이 되고, 두 점을 찍으면 상성이 되고, 점이 없으면 평성이 되지만, 문자의 입성은 (우리말의) 거성과 서로 비슷하지만 우리말의 입성은 일정하지 않으니 어떤 것은 평성과 비슷하여 예를 들면 '긷'이 柱[주]의 뜻인 '기둥'이 되고 '녑'이 脅[협]의 뜻인 '옆구리'가 됨과 같다고 설명하고 있어요.

❖ 그리고 어떤 글자는 처음이 낮고 나중이 높은 소리와 비슷하여 예를 들면 ':낟'이 穀[곡]의 뜻인 '낟'이 되고 ':깁'은 繒[증]의 뜻인 '깁'이 됨과 같으며 어떤 것은 높은 소리와 비슷하여 '몯'이 釘[정]의 뜻인 '못'이 되고, '입'이 口[구]의 뜻인 '입'이 되는 것과 같으니 빠른 소리의 점 찍기는 낮고 평평한 소리 '평성', 처음이 낮고 나중이 높은 소리 '상성', 높은 소리 '거성'과 같다고 설명하고 있어요.

❖ 낮고 평평한 소리는 안정되면서 조용하니 봄이라, 만물이 편안하고 안락하게 피어 자람이고, 처음이 낮고 나중이 높은 소리는 처음에는 낮다가 위로 들어 올려지니 여름이라 만물이 점점 무성해지고, 높은 소리는 위로 들어 올려지면서 소리가 크고 굳세지니 가을이며 만물이 성숙해지고, 빠른 소리는 빠르면서 막히니 겨울이라 만물이 문득 자취를 감춘다고 설명하고 있어요.

❖ 첫소리의 ㆆ과 ㅇ은 서로 비슷하여 우리말에서 통용될 수 있지만, 반혓소리에는 가벼운 소리와 무거운 소리 두 가지가 있다. 그러나 운서[韻書]의 자모[字母]에서는 가볍고 무거움을 구별하지 않고 오직 하나로 하였고, 또한 우리나라 말에서는 비록 소리의 가볍고 무거움으로 나누지 않지만 모두 말소리가 이루어진다고 설명하고 있어요.

❖ 만일 별도로 갖추어 쓰고자 한다면, 입술가벼운소리 ㅱ, ㅸ, ㆄ의 예(例)에 의거하여, 목구멍소리 ㅇ을 반혓소리 ㄹ의 아래에 붙여 쓰면 '반입술가벼운 소리'가 되는데, 혀가 잠깐 윗잇몸에 붙는다고 설명하고 있어요.

❖ •와 ㅡ가 ㅣ소리에서 일어나는 것은 우리나라 말에서는 쓰이지 않고, 어린아이의 말이나 변경이나 시골말에는 그런 소리가 간혹 있기도 하니 마땅히 두 글자를 어울려 쓸 것이니 ㄱㅣ와 ㄱㅗ 등과 같은데 그 세로를 먼저 쓰고 가로를 뒤에 쓰는 방식은 다른 글자와 같지 않다고 설명하고 있어요.

➡ 합자해[合字解]의 끝부분에는 "訣曰[결왈]" 즉 '이상에 대한 요결은 이러하다'라고 시작한 후, 각각의 행마다 일곱 자의 한자로 쓴 한시 형식으로 정리를 하여

요약해 놓았는데 '요결(要訣)'이란 '가장 중요한 방법이나 긴요한 뜻'이라는 한자어에요.

❖ 요약해서 긴요한 뜻을 말하면:
- ◆ 첫소리는 가운뎃소리의 왼쪽이나 위쪽에 쓰는데
- ◆ 우리말에서 ㆆ[挹]과 ㅇ[欲]은 서로 같이 쓴다.
- ◆ 가운뎃소리 열 한자는 첫소리에 붙여 쓰는데
- ◆ 원[•]과 가로획[ㅡ]은 첫소리 아래에 쓰고 오른쪽에는 세로획[ㅣ]을 쓴다.
- ◆ 끝소리를 쓰려면 어느 곳에 써야 할까?
- ◆ 첫소리와 가운뎃소리의 아래에 붙여서 써야 한다.
- ◆ 첫소리나 끝소리를 합하여 쓰려면 각각 나란히 쓰며
- ◆ 가운뎃소리 또한 합하여 쓰되 모두 왼쪽부터 쓴다.
- ◆ 우리말의 사성은 어떻게 분별할까?
- ◆ 활[弓]이면 낮고 평평한 소리이고, 돌[石]이면 처음이 낮고 나중이 높은 소리이다.
- ◆ 갈[刀]은 높은 소리이고 붇[筆]은 빠른 소리가 되니
- ◆ 이 네 가지의 경우를 보면 다른 것도 가히 알 수 있다.
- ◆ 소리는 왼쪽의 점에 따라서 사성을 구분하니
- ◆ 점이 하나면 높은 소리, 둘이면 처음이 낮고 나중이 높은 소리, 점이 없으면 낮고 평평한 소리이다.
- ◆ 우리말에서 빠른 소리는 일정하지 않으나 낮고 평평한 소리, 처음이 낮고 나중이 높은 소리, 높은 소리와 마찬가지로 점을 찍는데
- ◆ 한문의 빠른 소리는 높은 소리와 비슷하다.
- ◆ 중국의 말소리와 우리 말소리가 전혀 달라서
- ◆ 소리는 있으나 글자가 없어서 글로 통하기 어렵다.
- ◆ 하루아침에
- ◆ 신과 같은 솜씨로 지으셨으니
- ◆ 동방의 큰 나라 우리나라 천고의 세월에 어둠을 밝히셨다라고 노래 가사처럼 풀이하고 있어요.

여덟. 실제 글자를 사용하는 보기 [용자례]

➡ 『훈민정음』 '해례'의 여섯 번째 장으로서, 「용자례」는 '用(쓸 용), 字(글자 자), 例(보기 례)'라는 한자어에요. 이 용자례의 뜻은 훈민정음 첫소리 즉 초성[初聲] 17자와 가운뎃소리 즉 중성[中聲] 11자, 끝소리 즉 종성[終聲]에 쓸 수 있는 8자의 글자를 가지고 어떤 글자에 어떻게 사용하는지 보기를 들어서 설명해 준다는 말이에요.

1) 첫소리 즉 초성[初聲]에 쓸 수 있는 글자인 ㄱ(기역), ㅋ(키읔), ㆁ(꼭지 이응), ㄷ(디귿), ㅌ(티읕), ㄴ(니은), ㅂ(비읍), ㅍ(피읖), ㅁ(미음), ㅸ(비읍 입술 가벼운 소리), ㅈ(지읒), ㅊ(치읓), ㅅ(시옷), ㆆ(히읗), ㅇ(이응), ㄹ(리을), ㅿ(반시옷)이라는 17개의 자음 글자를 우리 말을 적을 때 첫소리에 어떻게 쓰는 것인지 각각의 자음 글자마다 한자나 한자어의 뜻에 해당하는 우리말 두 개씩 보기를 들어서 설명해 주고 있어요.

(1) ㄱ이 사용되는 한자의 뜻에 해당하는 우리말을 보기를 들어 *설명하고 있어요.*
  ① :감은 '柿(시)'라는 한자의 뜻인 '감'을 쓸 때 첫소리에 'ㄱ'을 쓰는 것을 *설명하고 있어요. '감[柿]'은 감나무의 열매를 이르는 말이에요.*
  ② ·골은 '蘆(로)'라는 한자의 뜻인 '갈대'를 '골'이라고 훈민정음 창제 당시에 쓸 때 첫소리에 'ㄱ'을 쓰는 것을 *설명하고 있어요. '갈[蘆]'은 강가나 연못가 등 물기가 많은 곳에 무리 지어 자라는 여러해살이풀의 이름이에요.*

(2) ㅋ이 사용되는 한자어와 한자의 뜻에 해당하는 우리말을 보기를 들어 *설명하고 있어요.*
  ① 우·케는 '未舂稻(미용도)'라는 한자어의 뜻인 '우케'를 쓸 때의 두 번째 글자인 '케'의 첫소리에 'ㅋ'을 쓰는 것을 *설명하고 있어요. '우케'는 '미용도'를 훈민정음 창제 당시 이르는 말이에요. '미용도[未舂稻]'는 未(아닐), 舂(찧을), 稻(벼)*

즉 방아 찧지 아니한 벼, 곧 겉벼를 이르는 한자어에요.

② **콩**은 '大豆(대두)'라는 한자어의 뜻인 '콩'을 '콩'이라고 훈민정음 창제 당시에 쓸 때 첫소리에 'ㅋ'을 쓰는 것을 설명하고 있어요. '대두'는 '콩'을 이르는 한자어인데, 단백질과 지방이 풍부해서 된장의 원료로 이용되거나 두부 같은 필수 식품을 제조할 때 사용한다고 해요. '대두[大豆]'는 大(큰), 豆(콩) 라는 한자어에요.

(3) **ㆁ**이 사용되는 한자와 한자어의 뜻에 해당하는 우리말을 보기를 들어 설명하고 있어요.

① **러·울**은 '獺(달)'이라는 한자의 뜻을 예로 들었는데, 해례본에서 한자를 잘못 보기로 들은 것 같아요. 왜냐면 '獺'은 수달을 뜻하고, '러울'은 '너구리'를 훈민정음 창제 당시 이르는 말이기 때문이에요. '러울'의 두 번째 글자인 '울'의 첫소리에 ㆁ을 쓰는 것을 설명하고 있어요. 참고로 '너구리'를 뜻하는 한자는 '狸(너구리 래)'자에요.

② **서·에**는 '流澌(유시)'라는 한자어의 뜻인 '서에'에서 두 번째 글자인 '에'의 첫소리에 ㆁ을 쓰는 것을 설명하고 있어요. '서에'는 물 위에 떠내려가는 얼음덩이라는 뜻의 '성엣장'은 훈민정음 창제 당시에 이르는 말이에요. '유시[流澌]'는 流(흐를), 澌(성엣장)이라는 한자어에요.

(4) **ㄷ**이 사용되는 한자의 뜻에 해당하는 우리말을 보기를 들어 설명하고 있어요.

① **·뒤**는 '茅[모]'라는 한자의 뜻인 '띠'를 '뒤'라고 훈민정음 창제 당시에 쓸 때 첫소리에 'ㄷ'을 쓰는 것을 설명하고 있어요. '띠[茅]'는 여러해살이풀이라는 한자인데 옛날에 지붕을 이을 때 사용했다고 해요.

② **·담**은 '墻(장)'이라는 한자의 뜻인 '담'을 쓸 때 첫소리에 'ㄷ'을 쓰는 것을 설명하고 있어요. '담[墻]'은 집이나 일정한 공간의 둘레를 막기 위하여 축조한 건조물로 '울' 또는 '울타리'라고도 해요.

(5) **ㅌ**이 사용되는 한자와 한자어의 뜻에 해당하는 우리말을 보기를 들어 설명하고 있어요.

① **고·티**는 '繭(견)'이라는 한자의 뜻인 '고치'를 '고티'라고 훈민정음 창제 당시에 쓸 때의 두 번째 글자인 '티'의 첫소리에 'ㅌ'을 쓰는 것을 설명하고 있어요. '고치[繭]'는 누에고치를 이르는 말이에요.

② **두텁**은 '蟾蜍(섬여)'라는 한자의 뜻인 '두꺼비'를 '두텁'이라고 훈민정음 창제 당시에 쓸 때의 두 번째 글자인 '텁'의 첫소리에 'ㅌ'을 쓰는 것을 설명하고 있어요. '섬여[蟾蜍]'는 蟾(두꺼비), 蜍(두꺼비)'라는 한자어에요.

(6) ㄴ이 사용되는 한자의 뜻에 해당하는 우리말을 보기를 들어 설명하고 있어요.

① **노로**는 '獐(장)'이라는 한자의 뜻인 '노루'를 '노로'라고 훈민정음 창제 당시에 쓸 때 첫소리에 'ㄴ'을 쓰는 것을 설명하고 있어요. '노루[獐]'는 우리나라 전역의 산림지대에 서식하는데 음지에서 사는 동물이에요.

② **납**은 '猿(원)'이라는 한자의 뜻인 '원숭이'를 '납'이라고 훈민정음 창제 당시에 쓸 때 첫소리에 'ㄴ'을 쓰는 것을 설명하고 있어요. '원숭이[猿]'는 영장류에 속하는 동물의 총칭으로 '잔나비'라고도 해요.

(7) ㅂ이 사용되는 한자의 뜻에 해당하는 우리말을 보기를 들어 설명하고 있어요.

① **볼**은 '臂(비)'라는 한자의 뜻인 '팔'을 '볼'이라고 훈민정음 창제 당시에 쓸 때 첫소리에 'ㅂ'을 쓰는 것을 설명하고 있어요. '팔[臂]'은 팔뚝이나 손목에서 팔꿈치까지를 이르는 말이에요.

② :**벌**은 '蜂(봉)'이라는 한자의 뜻인 '벌'을 쓸 때 첫소리에 'ㅂ'을 쓰는 것을 설명하고 있어요.

(8) ㅍ이 사용되는 한자의 뜻에 해당하는 우리말을 보기를 들어 설명하고 있어요.

① ·**파**는 '葱(총)'이라는 한자의 뜻인 '파'를 쓸 때 첫소리에 'ㅍ'을 쓰는 것을 설명하고 있어요. '파[葱]'는 잎에는 독특한 냄새와 맛이 있어 음식의 맛을 더하는 데 쓰이는 여러해살이풀을 이르는 한자에요.

② ·**풀**은 '蠅(승)'이라는 한자의 뜻인 '파리'를 '풀'이라고 훈민정음 창제 당시에 쓸 때 첫소리에 'ㅍ'을 쓰는 것을 설명하고 있어요. '파리[蠅]'는 곤충의 하나인 파

리를 이르는 한자에요.

(9) ㅁ이 사용되는 한자와 한자어의 뜻에 해당하는 우리말을 보기를 들어 설명하고 있어요.
① :뫼는 '山(산)'이라는 한자의 뜻인 '뫼'를 쓸 때 첫소리에 'ㅁ'을 쓰는 것을 설명하고 있어요. '뫼[山]'는 산의 순우리말이에요.
② ·마는 '薯蕷(서여)'라는 한자어의 뜻인 '마'를 쓸 때 첫소리에 'ㅁ'을 쓰는 것을 설명하고 있어요. '서여[薯蕷]'는 薯(참마), 蕷(마)라는 한자어로 마 또는 산약(山藥)을 이르는 말이에요.

(10) ㅸ이 사용되는 한자의 뜻에 해당하는 우리말을 보기를 들어 설명하고 있어요.
① 사·뵈는 '蝦(하)'라는 한자의 뜻인 '새우'를 '사뵈'라고 훈민정음 창제 당시에 쓸 때의 두 번째 글자인 '뵈'의 첫소리에 'ㅸ'을 쓰는 것을 설명하고 있어요. '새우[蝦]'는 굽은 등에 수염이 길고 발이 여러 개 있으며, 딱딱한 껍질 속에 흰 살이 들어있는, 물에 사는 작은 동물을 이르는 말이에요.
② 드·뵈는 '瓠(호)'라는 한자의 뜻인 '표주박'을 '드뵈'라고 훈민정음 창제 당시에 쓸 때의 두 번째 글자인 '뵈'의 첫소리에 'ㅸ'을 쓰는 것을 설명하고 있어요. '표주박[瓠]'은 박으로 만든 작은 바가지를 이르는 말이에요.

(11) ㅈ이 사용되는 한자의 뜻에 해당하는 우리말을 보기를 들어 설명하고 있어요.
① ·자는 '尺(척)'이라는 한자의 뜻인 '자'를 쓸 때 첫소리에 'ㅈ'을 쓰는 것을 설명하고 있어요. '자[尺]'는 길이를 측정하는 단위이며 도구를 이르는 말이에요.
② 죠·ᄒᆡ는 '紙(지)'라는 한자의 뜻인 '종이'의 '죠ᄒᆡ'라고 훈민정음 창제 당시에 쓸 때 첫 번째 글자인 '죠'의 첫소리에 'ㅈ'을 쓰는 것을 설명하고 있어요. '종이[紙]'는 식물성 섬유를 원료로 하여 만든 얇은 물건을 이르는 말이에요.

(12) ㅊ이 사용되는 한자의 뜻에 해당하는 우리말을 보기를 들어 설명하고 있어요.
① ·체는 '籭(사)'라는 한자의 뜻인 '체'를 쓸 때 첫소리에 'ㅊ'을 쓰는 것을 설명하

고 있어요. '체[籭]'는 가루를 곱게 치거나 액체를 받거나 거르는 데 쓰는 기구를 이르는 말이에요.

② **·채**는 '鞭(편)'이라는 한자의 뜻인 '채찍'을 '채'라고 훈민정음 창제 당시에 쓸 때 첫소리에 'ㅊ'을 쓰는 것을 설명하고 있어요. '채찍[鞭]'은 말이나 소 따위를 때려 모는 데에 쓰기 위하여, 가는 나무 막대나 댓가지 끝에 노끈이나 가죽오리 따위를 달아 만든 물건을 이르는 말이에요.

(13) ㅅ이 사용되는 한자의 뜻에 해당하는 우리말을 보기를 들어 설명하고 있어요.
① **·손**은 '手(수)'라는 한자의 뜻인 '손'을 쓸 때 첫소리에 'ㅅ'을 쓰는 것을 설명하고 있어요. '손[手]'은 사람의 팔목 끝에 달린 부분을 이르는 말이에요.
② **:셤**은 '島(도)'라는 한자의 뜻인 '섬'을 '셤'이라고 훈민정음 창제 당시에 쓸 때 첫소리에 'ㅅ'을 쓰는 것을 설명하고 있어요. '섬[島]'은 사방이 물인 육지 중 대륙보다 작고 암초보다 큰 것을 이르는 말이에요.

(14) ㅎ이 사용되는 한자어와 한자의 뜻에 해당하는 우리말을 보기를 들어 설명하고 있어요.
① **·부헝**은 '鵂鶹(휴류)'라는 한자어의 뜻인 '부엉이'를 '부헝'이라고 훈민정음 창제 당시에 쓸 때의 두 번째 글자인 '헝'의 첫소리에 'ㅎ'을 쓰는 것을 설명하고 있어요. '휴류[鵂鶹]'는 올빼미와 비슷하나 눈이 크고 머리 꼭대기에 귀 모양 깃이 있는 '부엉이'를 뜻하는 한자어에요.
② **·힘**은 '筋(근)'이라는 한자의 뜻인 '힘줄'을 '힘'이라고 훈민정음 창제 당시에 쓸 때 첫소리에 'ㅎ'을 쓰는 것을 설명하고 있어요. '힘줄[筋]'은 근육의 기초가 되는 희고 질긴 살의 줄을 이르는 말이에요.

(15) ㅇ이 사용되는 한자어와 한자의 뜻에 해당하는 우리말을 보기를 들어 설명하고 있어요.
① **·비육**은 '鷄雛(계추)'라는 한자어의 뜻인 '병아리'를 '비육'이라고 훈민정음 창제 당시에 쓸 때의 두 번째 글자 '육'의 첫소리에 'ㅇ'을 쓰는 것을 설명하고 있

어요. '계추[鷄雛]'는 鷄(닭), 雛(병아리)라는 한자어에요.

② **·ᄇᆞ얌**은 '蛇(사)'라는 한자의 뜻인 '뱀'을 'ᄇᆞ얌'이라고 훈민정음 창제 당시에 쓸 때의 두 번째 글자 '얌'의 첫소리에 'ㅇ'을 쓰는 것을 설명하고 있어요. '뱀[蛇]'은 옛말 또는 사투리로 비얌, 배암이라고도 하는 파충류를 이르는 말이에요.

(16) **ㄹ**이 사용되는 한자의 뜻에 해당하는 우리말을 보기를 들어 설명하고 있어요.

① **·무뤼**는 '雹(박)'이라는 한자의 뜻인 '무리'를 '무뤼'라고 훈민정음 창제 당시에 쓸 때의 두 번째 글자 '뤼'의 첫소리에 'ㄹ'을 쓰는 것을 설명하고 있어요. '무리[雹]'는 우박을 이르는 말이에요.

② **어·름**은 '氷(빙)'이라는 한자의 뜻인 '얼음'을 '어름'이라고 훈민정음 창제 당시에 쓸 때의 두 번째 글자 '름'의 첫소리에 'ㄹ'을 쓰는 것을 설명하고 있어요. '얼음[氷]'은 물이 얼어서 굳어진 물질을 이르는 말이에요.

(17) **ㅿ**이 사용되는 한자의 뜻에 해당하는 우리말을 보기를 들어 설명하고 있어요.

① **아ᅀᆞ**는 '弟(제)'라는 한자의 뜻인 '아우'를 '아ᅀᆞ'라고 훈민정음 창제 당시에 쓸 때의 두 번째 글자 'ᅀᆞ'의 첫소리에 'ㅿ'을 쓰는 것을 설명하고 있어요. '아우[弟]'는 같은 부모에게서 태어난 사이거나 일가친척 가운데 항렬이 같은 남자들 사이에서 손아랫사람을 이르는 말이에요.

② **:너ᅀᅵ**는 '鴇(보)'라는 한자의 뜻인 '능에'를 '너ᅀᅵ'라고 훈민정음 창제 당시에 쓸 때의 두 번째 글자 'ᅀᅵ'의 첫소리에 'ㅿ'을 쓰는 것을 설명하고 있어요. '능에[鴇]'는 '너새'라는 두루미목 느시과의 대형 조류를 이르는 말이에요.

2) 가운뎃소리 글자 즉 중성[中聲]인 •(하늘 아), ㅡ(으), ㅣ(이), ㅗ(오), ㅏ(아), ㅜ(우), ㅓ(어), ㅛ(요), ㅑ(야), ㅠ(유), ㅕ(여)의 11개의 모음 글자를 우리 말을 적을 때 어떻게 쓰는 것인지 각각의 가운뎃소리 글자마다 한자나 한자어의 뜻에 해당하는 우리말로 보기를 들어 설명하되 받침이 있는 우리말 두 개와 받침이 없는 우리말 두 개 등 네 개씩 보기를 들어서 설명해 주고 있어요.

(1) 'ㆍ'가 사용되는 한자와 한자어의 뜻에 해당하는 우리말을 보기를 들어 설명하고 있어요.

① ·특이라고 쓰면 '頤(이)'라는 한자의 뜻인 '턱'을 '특'이라고 훈민정음 창제 당시에는 썼는데 첫소리 ㅌ과 끝소리 ㄱ의 사이에 가운뎃소리 ㆍ를 쓰는 것을 설명하고 있어요. '턱[頤]'은 사람의 입 아래에 있는 뾰족하게 나온 부분을 이르는 말이에요.

② ·픗이라고 쓰면 '小豆(소두)'라는 한자어의 뜻인 '팥'을 '픗'이라고 훈민정음 창제 당시에는 썼는데 첫소리 ㅍ과 끝소리 ㅅ의 사이에 가운뎃소리 ㆍ를 쓰는 것을 설명하고 있어요. '팥[小豆]'은 동짓날 팥죽을 쒀 먹거나 여름에는 팥빙수를 만들 때 사용하는 한해살이풀을 이르는 말이에요.

③ ᄃᆞ리라고 쓰면 '橋(교)'라는 한자의 뜻인 '다리'를 'ᄃᆞ리'라고 훈민정음 창제 당시에 쓸 때 첫 번째 글자 'ᄃᆞ'처럼 첫소리 글자 ㄷ 아래에 가운뎃소리 ㆍ를 쓰는 것을 설명하고 있어요. '다리[橋]'는 강이나 교통로를 건너갈 수 있도록 만든 구조물을 이르는 말이에요. 사람의 몸통을 지탱하거나 이동할 수 있게 해 주는 신체 기관인 '다리'라는 뜻의 한자는 '脚(다리 각)'이 있으니 구별해서 써야 해요.

④ ·ᄀᆞ래라고 쓰면 '楸(추)'라는 한자의 뜻인 '가래'를 'ᄀᆞ래'라고 훈민정음 창제 당시에 쓸 때 첫 번째 글자 'ᄀᆞ'처럼 첫소리 ㄱ 아래에 가운뎃소리 ㆍ를 쓰는 것을 설명하고 있어요. '가래[楸]'는 산기슭의 양지쪽에서 자라는 '가래나무'를 이르는 말이에요.

➡ 그래서 가운뎃소리 'ㆍ'는 한자나 한자어의 뜻을 훈민정음으로 쓸 때는 위에서 보기를 든 '특'이나 '픗'이라는 글자들처럼 첫소리와 끝소리의 가운데에 쓰거나, [ᄃᆞ리]의 'ᄃᆞ'나 [ᄀᆞ래]의 'ᄀᆞ'와 같이 끝소리가 없는 순 우리 말을 적는 글자이더라도 첫소리 밑에 쓰는 가운뎃소리 글자라고 보기를 들어 설명해 주고 있어요.

(2) 'ㅡ'가 사용되는 한자와 한자어의 뜻에 해당하는 우리말을 보기를 들어 설명하고 있어요.

① ·믈이라고 쓰면 '水(수)'라는 한자의 뜻인 '물'을 '믈'이라고 훈민정음 창제 당시

에 쓸 때 첫소리 ㅁ과 끝소리 ㄹ의 사이에 가운뎃소리 ㅡ를 쓰는 것을 설명하였어요. '믈[水]'은 물을 이르는 옛말이에요.

② ·**발**·**측**이라고 쓰면 '跟(근)'이라는 한자의 뜻인 '발꿈치'를 '발측'이라고 훈민정음 창제 당시에 쓸 때의 두 번째 글자 '측'과 같이 첫소리 ㅊ과 끝소리 ㄱ의 사이에 가운뎃소리 ㅡ를 쓰는 것을 설명하고 있어요. '발꿈치[跟]'는 발꿈치의 발바닥 부분을 일부 포함한 위편의 뒤쪽 부분을 가리키는 말이에요.

③ **그력**이라고 쓰면 '雁(안)'이라는 한자의 뜻인 '기러기'를 '그력'이라고 훈민정음 창제 당시에 쓸 때 첫 번째 글자 '그'와 같이 첫소리 ㄱ 아래에 가운뎃소리 ㅡ를 쓰는 것을 설명하고 있어요. '그력[雁]'은 기러기의 울음소리를 상징하는 말이에요. 기러기가 내는 '그력 그력'하는 울음소리를 본떠 만든 기러기라는 명칭이 만들어졌어요.

④ **드**·**레**라고 쓰면 '汲器(급기)'라는 한자어의 뜻인 '두레박'을 '드레'라고 훈민정음 창제 당시에 쓸 때 첫 번째 글자 '드'와 같이 첫소리 ㄷ 아래에 가운뎃소리 ㅡ를 쓰는 것을 설명하고 있어요. '드레[汲器]'는 줄을 길게 달아 우물물을 긷는 기구를 이르는 말이에요.

➡ 그래서 가운뎃소리 'ㅡ'는 한자나 한자어의 뜻을 훈민정음으로 쓸 때는 위에서 보기를 든 '믈'이나 [발측]의 '측'이라는 글자들처럼 첫소리와 끝소리의 가운데에 쓰거나, [그력]의 '그'나 [드레]의 '드'와 같이 끝소리가 없는 순 우리 말을 적는 글자이더라도 첫소리 밑에 쓰는 가운뎃소리 글자라고 보기를 들어 설명해 주고 있어요.

(3) 'ㅣ'가 사용되는 한자의 뜻에 해당하는 우리말을 보기를 들어 설명하고 있어요.
  ① ·**깃**이라고 쓰면 '巢(소)'라는 한자의 뜻인 '새집'을 '깃'이라고 훈민정음 창제 당시에 쓸 때 첫소리 ㄱ과 끝소리 ㅅ의 사이에 가운뎃소리 'ㅣ'를 쓰는 것을 설명하고 있어요. '깃[巢]'은 새가 깃들이는 집을 이르는 말이에요.
  ② :**밀**이라고 쓰면 '蠟(랍)'이라는 한자의 뜻인 '밀'을 쓸 때 첫소리 ㅁ과 끝소리 ㄹ의 사이에 가운뎃소리 'ㅣ'를 쓰는 것을 설명하고 있어요. '밀[蠟]'은 꿀 찌꺼

기를 끓여서 짜낸 기름을 이르는 말이에요.

③ ·피라고 쓰면 '稷(직)'이라는 한자의 뜻인 '기장'을 '피'라고 훈민정음 창제 당시에 쓸 때 첫소리 ㅍ의 오른쪽에 가운뎃소리 'ㅣ'를 쓰는 것을 설명하고 있어요. '기장[稷]'은 볏과의 한해살이풀을 이르는 말이에요.

④ ·키라고 쓰면 '箕(기)'라는 한자의 뜻인 '키'라고 쓸 때 첫소리 ㅋ의 오른쪽에 가운뎃소리 'ㅣ'를 쓰는 것을 설명하고 있어요. '키[箕]'는 곡식을 까부르는 데 쓰는 기구를 이르는 말이에요.

➡ 그래서 가운뎃소리 'ㅣ'는 한자나 한자어의 뜻을 훈민정음으로 쓸 때는 위에서 보기를 든 '깃'이나 '밀'이라는 글자들처럼 첫소리와 끝소리의 가운데에 쓰거나, '피'나 '키'와 같이 끝소리가 없는 순 우리 말을 적는 글자이더라도 첫소리 오른쪽에 쓰는 가운뎃소리 글자라고 보기를 들어 설명해 주고 있어요.

(4) 'ㅗ'가 사용되는 한자어와 한자의 뜻에 해당하는 우리말을 보기를 들어 설명하고 있어요.

① ·논이라고 쓰면 '水田(수전)'이라는 한자어의 뜻인 '논'을 쓸 때 첫소리 ㄴ과 끝소리 ㄴ의 사이에 가운뎃소리 'ㅗ'를 쓰는 것을 설명하고 있어요. '논[水田]'은 물을 채우고 벼를 재배하는 땅을 이르는 말이에요. 첫소리와 끝소리가 같은 자음이 오는 글자를 보기로 들은 점이 특징이에요.

② ·톱이라고 쓰면 '鉅(거)'라는 한자의 뜻인 '톱'을 쓸 때 첫소리 ㅌ과 끝소리 ㅂ의 사이에 가운뎃소리 'ㅗ'를 쓰는 것을 설명하고 있어요. '톱[鉅]'은 나무나 쇠붙이 따위를 자르거나 켜는 데 쓰는 연장을 이르는 말이에요.

③ 호·미라고 쓰면 '鋤(서)'라는 한자의 뜻인 '호미'를 '호미'라고 훈민정음 창제 당시에 쓸 때 첫 번째 글자 '호'와 같이 첫소리 ㅎ 아래에 가운뎃소리 'ㅗ'를 쓰는 것을 설명하고 있어요. '호미[鋤]'는 논밭을 매는 데 쓰이는 한국의 전통 농기구를 이르는 말이에요.

④ 벼·로라고 쓰면 '硯(연)'이라는 한자의 뜻인 '벼루'를 '벼로'라고 훈민정음 창제 당시에 쓸 때의 두 번째 글자 '로'와 같이 첫소리 ㄹ의 아래에 가운뎃소리 'ㅗ'

를 쓰는 것을 설명하고 있어요. '벼루[硯]'는 먹을 갈 때 쓰는 그릇 형태의 도구를 이르는 말이에요.

➡ 그래서 가운뎃소리 'ㅗ'는 한자의 뜻을 훈민정음으로 쓸 때는 위에서 보기를 든 '논'이나 '톱'이라는 글자들처럼 첫소리와 끝소리의 가운데에 쓰거나, [호미]의 '호'나 [벼로]의 '로'와 같이 끝소리가 없는 순 우리 말을 적는 글자이더라도 첫소리 밑에 쓰는 가운뎃소리 글자라고 보기를 들어 설명해 주고 있어요.

(5) 'ㅏ'가 사용되는 한자어의 뜻에 해당하는 우리말을 보기를 들어 설명하고 있어요.
① ·밥이라고 쓰면 '飯(반)'이라는 한자의 뜻인 '밥'을 쓸 때 첫소리 ㅂ과 끝소리 ㅂ의 사이에 가운뎃소리 'ㅏ'를 쓰는 것을 설명하고 있어요. 첫소리와 끝소리가 같은 자음이 오는 글자를 보기로 들은 점이 특징이에요.
② ·낟이라고 쓰면 '鎌(겸)'이라는 한자의 뜻인 '낫'을 '낟'이라고 훈민정음 창제 당시에 쓸 때 첫소리 ㄴ과 끝소리 ㄷ의 사이에 가운뎃소리 'ㅏ'를 쓰는 것을 설명하고 있어요. '낫[鎌]'은 풀 따위를 베는 기구를 이르는 말이에요.
③ 이·아라고 쓰면 '綜(종)'이라는 한자의 뜻인 '잉아'를 '이아'라고 훈민정음 창제 당시에 쓸 때의 두 번째 글자 '아'와 같이 첫소리 ㅇ의 오른쪽에 가운뎃소리 'ㅏ'를 쓰는 것을 설명하고 있어요. '잉아[綜]'는 베틀의 날실을 상하로 움직여 한 갈래씩 걸러서 끌어올리도록 맨 굵은 실을 이르는 말이에요.
④ 사·숨이라고 쓰면 '鹿(록)'이라는 한자의 뜻인 '사슴'을 '사숨'이라고 훈민정음 창제 당시에 쓸 때 첫 번째 글자 '사'와 같이 첫소리 ㅅ의 오른쪽에 가운뎃소리 'ㅏ'를 쓰는 것을 설명하고 있어요.

➡ 그래서 가운뎃소리 'ㅏ'는 한자의 뜻을 훈민정음으로 쓸 때는 위에서 보기를 든 '밥'이나 '낟'이라는 글자들처럼 첫소리와 끝소리의 오른쪽에 쓰거나, [이아]의 '아'나 [사숨]의 '사'와 같이 끝소리가 없는 순 우리 말을 적는 글자이더라도 첫소리 오른쪽에 쓰는 가운뎃소리 글자라고 보기를 들어 설명해 주고 있어요.

(6) 'ㅜ'가 사용되는 한자의 뜻에 해당하는 우리말을 보기를 들어 설명하고 있어요.
　① **슛**이라고 쓰면 '炭(탄)'이라는 한자의 뜻인 '숯'을 '숫'이라고 훈민정음 창제 당시에 쓸 때 첫소리 ㅅ과 끝소리 ㅅ의 사이에 가운뎃소리 'ㅜ'를 쓰는 것을 설명하고 있어요. '숯[炭]'은 나무 따위의 유기물을 불완전 연소시켜서 만든 것을 이르는 말이에요. 첫소리와 끝소리가 같은 자음이 오는 글자를 보기로 들은 점이 특징이에요.
　② **·울**이라고 쓰면 '籬(리)'이라는 한자의 뜻인 '울타리'를 '울'이라고 훈민정음 창제 당시에 쓸 때 첫소리 ㅇ과 끝소리 ㄹ의 사이에 가운뎃소리 'ㅜ'를 쓰는 것을 설명하고 있어요. '울[籬]'은 풀이나 나무 따위를 얽거나 엮어서 담 대신에 경계를 지어 막는 물건을 이르는 말이에요.
　③ **누·에**라고 쓰면 '蠶(잠)'이라는 한자의 뜻인 '누에'를 쓸 때 첫 번째 글자 '누'와 같이 첫소리 ㄴ 아래에 가운뎃소리 'ㅜ'를 쓰는 것을 설명하고 있어요. '누에[蠶]'는 누에나방의 유충을 이르는 말이에요.
　④ **구·리**라고 쓰면 '銅(동)'이라는 한자의 뜻인 '구리'를 쓸 때 첫 번째 글자 '구'와 같이 첫소리 ㄱ 아래에 가운뎃소리 'ㅜ'를 쓰는 것을 설명하고 있어요. '구리[銅]'는 붉은색의 광택이 나는 금속을 이르는 말이에요.

➡ 그래서 가운뎃소리 'ㅜ'는 한자의 뜻을 훈민정음으로 쓸 때는 위에서 보기를 든 '숫'이나 '울'이라는 글자들처럼 첫소리와 끝소리의 가운데에 쓰거나, [누에]의 '누'나 [구리]의 '구'와 같이 끝소리가 없는 순 우리 말을 적는 글자이더라도 첫소리 밑에 쓰는 가운뎃소리 글자라고 보기를 들어 설명해 주고 있어요.

(7) 'ㅓ'가 사용되는 한자의 뜻에 해당하는 우리말을 보기를 들어 설명하고 있어요.
　① **브섭**이라고 쓰면 '竈(조)'라는 한자의 뜻인 '부엌'을 '브섭'이라고 훈민정음 창제 당시에 쓸 때 두 번째 글자 '섭'과 같이 첫소리 ㅿ과 끝소리 ㅂ의 사이에 가운뎃소리 'ㅓ'를 쓰는 것을 설명하고 있어요. '부엌[竈]'은 일정한 시설을 갖추어 놓고 음식을 만들고 설거지를 하는 등 식사에 관련된 일을 하는 곳을 이르는 말이에요.

② :널이라고 쓰면 '板(판)'이라는 한자의 뜻인 '널빤지'를 '널'이라고 훈민정음 창제 당시에 쓸 때 첫소리 ㄴ과 끝소리 ㄹ의 사이에 가운뎃소리 'ㅓ'를 쓰는 것을 설명하고 있어요. '널빤지[板]'는 판판하고 넓게 켠 나뭇조각을 이르는 말이에요.

③ 서·리라고 쓰면 '霜(상)'이라는 한자의 뜻인 '서리'를 쓸 때 첫 번째 글자 '서'와 같이 첫소리 ㅅ 오른쪽에 가운뎃소리 'ㅓ'를 쓰는 것을 설명하고 있어요. '서리[霜]'는 대기 중의 수증기가 지상의 물체 표면에 얼어붙은 흰 가루 모양의 얼음을 이르는 말이에요.

④ 벼·들이라고 쓰면 '柳(류)'라는 한자의 뜻인 '버들'을 쓸 때 첫 번째 글자 '버'와 같이 첫소리 ㅂ 오른쪽에 가운뎃소리 'ㅓ'를 쓰는 것을 설명하고 있어요. '버들[柳]'은 '버드나무'의 준말이에요.

➡ 그래서 가운뎃소리 'ㅓ'는 한자의 뜻을 훈민정음으로 쓸 때는 위에서 보기를 든 '널'이나 [브섭]의 '섭'이라는 글자들처럼 첫소리와 끝소리의 오른쪽에 쓰거나, [서리]의 '서'나 [버들]의 '버'와 같이 끝소리 가 없는 순 우리 말을 적는 글자이더라도 첫소리 오른쪽에 쓰는 가운뎃소리 글자라고 보기를 들어 설명해 주고 있어요.

(8) 'ㅛ'가 사용되는 한자와 한자어의 뜻에 해당하는 우리말을 보기를 들어 설명하고 있어요.

① :죵이라고 쓰면 '奴(노)'라는 한자의 뜻인 '종'을 '죵'이라고 훈민정음 창제 당시에 쓸 때 첫소리 ㅈ과 끝소리 ㅇ의 사이에 가운뎃소리 'ㅛ'를 쓰는 것을 설명하고 있어요. '종[奴]'은 사내종, 노예를 뜻하며 녀석, 놈과 같이 사람을 낮잡아 부르는 명칭으로도 쓰이는 말이에요.

② ·고욤이라고 쓰면 '梬(영)'라는 한자의 뜻인 '고욤나무'의 열매를 뜻하는 '고욤'이라고 쓸 때의 두 번째 글자 '욤'과 같이 첫소리 ㅇ과 끝소리 ㅁ의 사이에 가운뎃소리 'ㅛ'를 쓰는 것을 설명하고 있어요. '고욤나무[梬]'는 잎은 어긋나고 타원형으로 끝이 급히 좁아져 뾰족한 낙엽활엽교목을 이르는 말이에요. 고욤나무의 열매인 고욤은 감보다 작고 맛이 달면서 좀 떫은 옛날 시골에서 아이들이 즐겨

먹던 색다른 과일 중 하나였다고 해요.

③ ·쇼라고 쓰면 '牛(우)'라는 한자의 뜻인 '소'를 '쇼'라고 훈민정음 창제 당시에 쓸 때 첫소리 ㅅ 아래에 가운뎃소리 'ㅛ'를 쓰는 것을 설명하고 있어요. '소[牛]'는 사람에게 개 다음으로 일찍부터 가축화되어 경제적 가치가 높아 세계 각지에서 사육되고 있는 동물로 어린 개체는 송아지라고 해요.

④ 삽됴라고 쓰면 '蒼朮菜(창출채)'라는 한자어의 뜻인 '삽주나물'을 '삽됴'라고 훈민정음 창제 당시에 쓸 때 두 번째 글자 '됴'와 같이 첫소리 ㄷ 아래에 가운뎃소리 'ㅛ'를 쓰는 것을 설명하고 있어요. '삽주나물'은 삽주로 만든 나물을 이르는 말이에요. '창출채[蒼朮菜]'는 蒼(푸를), 朮(차조), 菜(나물)라는 한자어에요.

➡ 그래서 가운뎃소리 'ㅛ'는 한자의 뜻을 훈민정음으로 쓸 때는 위에서 보기를 든 '죵'이나 '고욤'의 '욤'이라는 글자들처럼 첫소리와 끝소리의 가운데에 쓰거나, '쇼'나 [삽됴]의 '됴'와 같이 끝소리가 없는 순 우리 말을 적는 글자이더라도 첫소리 밑에 쓰는 가운뎃소리 글자라고 보기를 들어 설명해 주고 있어요.

(9) 'ㅑ'가 사용되는 한자와 한자어의 뜻에 해당하는 우리말을 보기를 들어 설명하고 있어요.

① 남샹이라고 쓰면 '龜(귀)'라는 한자의 뜻인 '남생이'를 '남샹'이라고 훈민정음 창제 당시에 쓸 때 두 번째 글자 '샹'과 같이 첫소리 ㅅ과 끝소리 ㅇ의 사이에 가운뎃소리 'ㅑ'를 쓰는 것을 설명하고 있어요. '남생이[龜]'는 거북과 비슷하나 작으며, 등은 진한 갈색의 딱지로 되어 있고 네발에는 각각 다섯 개의 발가락이 있는데 발가락 사이에는 물갈퀴가 있는 동물이에요.

② 약이라고 쓰면 '龜鼈(구벽)'이라는 한자어의 뜻인 '약'을 쓸 때 첫소리 ㅇ과 끝소리 ㄱ의 사이에 가운뎃소리 'ㅑ'를 쓰는 것을 설명하고 있어요. '구벽[龜鼈]'은 龜(두 뿔 달린 개구리)와 鼈(거북)이라는 한자어에요.

③ 다·야라고 쓰면 '匜(야)'라는 한자의 뜻인 '대야'를 '다야'라고 훈민정음 창제 당시에 쓸 때 두 번째 글자 '야'와 같이 첫소리 ㅇ 오른쪽에 가운뎃소리 'ㅑ'를 쓰는 것을 설명하고 있어요. '대야[匜]'는 물을 담아서 무엇을 씻을 때 쓰는 둥글

넓적한 그릇을 이르는 말이에요.

④ **쟈:감**이라고 쓰면 '蕎麥皮(교맥피)'라는 한자어의 뜻인 '메밀껍질'을 '쟈감'이라고 훈민정음 창제 당시에 쓸 때 첫 번째 글자 '쟈'와 같이 첫소리 ㅈ 오른쪽에 가운뎃소리 'ㅑ'를 쓰는 것을 설명하고 있어요. '메밀껍질'은 메밀의 겉껍질을 이르는 말이에요. '교맥피[蕎麥皮]'는 蕎(메밀), 麥(보리), 皮(껍질)라는 한자어에요.

➡ 그래서 가운뎃소리 'ㅑ'는 한자의 뜻을 훈민정음으로 쓸 때는 위에서 보기를 든 [남샹]의 '샹'이나 '약'이라는 글자들처럼 첫소리와 끝소리의 오른쪽에 쓰거나, '다야'의 '야'나 [쟈감]의 '쟈'와 같이 끝소리가 없는 순 우리 말을 적는 글자이더라도 첫소리 오른쪽에 쓰는 가운뎃소리 글자라고 보기를 들어 설명해 주고 있어요.

(10) 'ㅠ'가 사용되는 한자어와 한자의 뜻에 해당하는 우리말을 보기를 들어 설명하고 있어요.

① **율믜**라고 쓰면 '薏苡(의이)'라는 한자어의 뜻인 '율무'를 '율믜'라고 훈민정음 창제 당시에 쓸 때 첫 번째 글자 '율'과 같이 첫소리 ㅇ과 끝소리 ㄹ의 사이에 가운뎃소리 'ㅠ'를 쓰는 것을 설명하고 있어요. '율무'는 볏과의 한해살이풀을 이르는 말이에요. '의이[薏苡]'는 薏(율무), 苡(질경이)라는 한자어에요.

② **쥭**이라고 쓰면 '飯粟(반잡)'이라는 한자어의 뜻인 '죽'을 '쥭'이라고 훈민정음 창제 당시에 쓸 때 첫소리 ㅈ과 끝소리 ㄱ의 사이에 가운뎃소리 'ㅠ'를 쓰는 것을 설명하고 있어요. '죽'은 곡식을 물에 묽게 풀어 오래 끓여 알갱이가 흠씬 무르게 만든 음식을 이르는 말이에요. '반잡[飯粟]'은 飯(밥), 粟(수풀나무 모양)이라는 한자어에요.

③ **슈룹**이라고 쓰면 '雨繖(우산)'이라는 한자어의 뜻인 '우산'을 '슈룹'이라고 훈민정음 창제 당시에 쓸 때 첫 번째 글자 '슈'와 같이 첫소리 ㅅ 아래에 가운뎃소리 'ㅠ'를 쓰는 것을 설명하고 있어요. '우산'은 비가 올 때 머리 위에 펼쳐서 몸이 젖지 않게 막는 소형 장막을 이르는 말이에요. '우산[雨繖]'은 雨(비), 繖(우산)이라는 한자어에요.

④ **쥬련**이라고 쓰면 '帨(세)'라는 한자의 뜻인 '수건'을 '쥬련'이라고 훈민정음 창제 당시에 쓸 때 첫 번째 글자 '쥬'와 같이 첫소리 ㅈ 아래에 가운뎃소리 'ㅠ'를 쓰는 것을 설명하고 있어요. '수건[帨]'은 얼굴이나 몸을 닦기 위하여 만든 천 조각을 이르는 말이에요.

➡ 그래서 가운뎃소리 'ㅠ'는 한자의 뜻을 훈민정음으로 쓸 때는 위에서 보기를 든 [율믜]의 '율'이나 '쥭'이라는 글자들처럼 첫소리와 끝소리의 가운데에 쓰거나, [슈룹]의 '슈'나 [쥬련]의 '쥬'와 같이 끝소리가 없는 순 우리 말을 적는 글자이더라도 첫소리 밑에 쓰는 가운뎃소리 글자라고 보기를 들어 설명해 주고 있어요.

(11) 'ㅕ'가 사용되는 한자어와 한자의 뜻에 해당하는 우리말을 보기를 들어 설명하고 있어요.

① **·엿**이라고 쓰면 '飴糖(이당)'이라는 한자어의 뜻인 '엿'을 쓸 때 첫소리 ㅇ과 끝소리 ㅅ의 사이에 가운뎃소리 'ㅕ'를 쓰는 것을 설명하고 있어요. '엿'은 곡식을 증기로 찐 고두밥을 엿기름물에 삭힌 뒤에 자루에 넣어 짜낸 국물을 고아서 굳혀 먹는 한과를 이르는 말이에요. '이당[飴糖]'은 飴(엿), 糖(사탕)이라는 한자어에요.

② **·뎔**이라고 쓰면 '佛寺(불사)'라는 한자어의 뜻인 '절'을 '뎔'이라고 훈민정음 창제 당시에 쓸 때 첫소리 ㄷ과 끝소리 ㄹ의 사이에 가운뎃소리 'ㅕ'를 쓰는 것을 설명하고 있어요. '절'은 승려가 불상을 모시고 불도를 닦으며 교법을 펴는 집을 이르는 말이에요. '불사[佛寺]'는 佛(부처), 寺(절)라는 한자어에요.

③ **·벼**라고 쓰면 '稻(도)'라는 한자의 뜻인 '벼'를 쓸 때 첫소리 ㅂ 오른쪽에 가운뎃소리 'ㅕ'를 쓰는 것을 설명하고 있어요. '벼[稻]'는 볏과의 한해살이풀을 이르는 말이에요.

④ **:져비**라고 쓰면 '燕(연)'이라는 한자의 뜻인 '제비'를 '져비'라고 훈민정음 창제 당시에 쓸 때 첫 번째 글자 '져'와 같이 첫소리 ㅈ 오른쪽에 가운뎃소리 'ㅕ'를 쓰는 것을 설명하고 있어요. '제비[燕]'는 제빗과의 새를 이르는 말이에요.

➡ 그래서 가운뎃소리 'ㅕ(는 한자의 뜻을 훈민정음으로 쓸 때는 위에서 보기를 든 '엿'이나 '몀'이라는 글자들처럼 첫소리와 끝소리의 오른쪽에 쓰거나, '벼'나 '져비'의 '져'와 같이 끝소리가 없는 순 우리 말을 적는 글자이더라도 첫소리 오른쪽에 쓰는 가운뎃소리 글자라고 보기를 들어 설명해 주고 있어요.

3) 끝소리 즉 종성[終聲]에 쓸 수 있는 글자인 ㄱ(기역), ㆁ(꼭지 이응), ㄷ(디귿), ㄴ(니은), ㅂ(비읍), ㅁ(미음), ㅅ(시옷), ㄹ(리을)이라는 8개의 자음 글자를 우리 말을 적을 때 끝소리에 어떻게 쓰는 것인지 각각의 자음 글자마다 한자나 한자어의 뜻에 해당하는 우리말 두 개씩 보기를 들어서 설명해 주고 있어요.

(1) 'ㄱ'이 끝소리로 사용되는 한자의 뜻에 해당하는 우리말을 보기를 들어 설명하고 있어요.

① **닥**이라고 쓰면 '楮(저)'라는 한자의 뜻인 '닥나무'를 '닥'이라고 훈민정음 창제 당시에 쓸 때 첫소리 ㄷ과 가운뎃소리 ㅏ의 아래에 끝소리 'ㄱ'을 쓰는 것을 설명하고 있어요. '닥나무[楮]'는 잎은 어린나무에서는 깊이 갈라지며, 늙은 나무에서는 작은 달걀 모양인 낙엽이 지는 활엽교목을 이르는 말이에요.

② **독**이라고 쓰면 '甕(옹)'이라는 한자의 뜻인 '독'을 쓸 때 첫소리 ㄷ과 가운뎃소리 ㅗ의 아래에 끝소리 'ㄱ'을 쓰는 것을 설명하고 있어요. '독[甕]'은 큰 오지그릇이나 질그릇을 이르는 말이에요.

➡ 그래서 'ㄱ'은 한자의 뜻을 훈민정음으로 쓸 때는 위에서 보기를 든 [닥나무]의 '닥'이나 '독'이라는 글자들처럼 끝소리에 쓰이는 글자라고 보기를 들어 설명해 주고 있어요.

(2) 'ㆁ'이 끝소리로 사용되는 한자어의 뜻에 해당하는 우리말을 보기를 들어 설명하고 있어요.

① **:굼벙**이라고 쓰면 '蠐螬(제조)'라는 한자어의 뜻인 '굼벵이'를 '굼벙'이라고 훈민정음 창제 당시에 쓸 때 두 번째 글자 '벙'과 같이 첫소리 ㅂ과 가운뎃소리

ㅓ의 아래에 끝소리 'ㅇ'을 쓰는 것을 설명하고 있어요. '굼벵이'는 매미의 애벌레를 이르는 말이에요. '제조[蠐螬]'는 蠐(굼벵이), 螬(굼벵이)라는 한자어에요.

② **·올창**이라고 쓰면 '蝌蚪(과두)'라는 한자어의 뜻인 '올챙이'를 '올창'이라고 훈민정음 창제 당시에 쓸 때 두 번째 글자 '창'과 같이 첫소리 ㅊ과 가운뎃소리 ㅏ의 아래에 끝소리 'ㅇ'을 쓰는 것을 설명하고 있어요. '올챙이'는 개구리의 유생을 이르는 말이에요. '과두[蝌蚪]'는 蝌(올챙이), 蚪(올챙이)라는 한자어에요.

➡ 그래서 'ㅇ'은 한자나 한자어의 뜻을 훈민정음으로 쓸 때는 위에서 보기를 든 [굼벵]의 '벵'이나 [올창]의 '창'이라는 글자들처럼 끝소리에 쓰이는 글자라고 보기를 들어 설명해 주고 있어요.

(3) 'ㄷ'이 끝소리로 사용되는 한자의 뜻에 해당하는 우리말을 보기를 들어 설명하고 있어요.

① **·갇**이라고 쓰면 '笠(립)'이라는 한자의 뜻인 '갓'을 '갇'이라고 훈민정음 창제 당시에 쓸 때 첫소리 ㄱ과 가운뎃소리 ㅏ의 아래에 끝소리 'ㄷ'을 쓰는 것을 설명하고 있어요. '갓[笠]'은 예전에, 어른이 된 남자가 머리에 쓰던 의관의 하나를 이르는 말이에요.

② **싣**이라고 쓰면 '楓(신)'이라는 한자의 뜻인 '신나무'를 '싣'이라고 훈민정음 창제 당시에 쓸 때 첫소리 ㅅ과 가운뎃소리 ㅣ의 아래에 끝소리 'ㄷ'을 쓰는 것을 설명하고 있어요. '신나무[楓]'는 가을이 되면 빨갛게 단풍이 들어 무척이나 아름다운 활엽수를 이르는 말이에요.

➡ 그래서 'ㄷ'은 한자의 뜻을 훈민정음으로 쓸 때는 위에서 보기를 든 '갇'이나 '싣'이라는 글자들처럼 끝소리에 쓰이는 글자라고 보기를 들어 설명해 주고 있어요.

(4) 'ㄴ'이 끝소리로 사용되는 한자의 뜻에 해당하는 우리말을 보기를 들어 설명하고 있어요.

① ·신이라고 쓰면 '履(구)'라는 한자의 뜻인 '신'을 쓸 때 첫소리 ㅅ과 가운뎃소리 ㅣ의 아래에 끝소리 'ㄴ'을 쓰는 것을 설명하고 있어요. '신[履]'은 발에 신는 물건을 통틀어 이르는 말이에요.

② ·반되라고 쓰면 '螢(형)'이라는 한자의 뜻인 '반딧불이'를 '반되'라고 훈민정음 창제 당시에 쓸 때 첫 번째 글자 '반'과 같이 첫소리 ㅂ과 가운뎃소리 ㅏ의 아래에 끝소리 'ㄴ'을 쓰는 것을 설명하고 있어요. '반딧불이[螢]'는 개똥벌레를 이르는 말이에요.

➡ 그래서 'ㄴ(니은)'은 한자의 뜻을 훈민정음으로 쓸 때는 위에서 보기를 든 '신'이나 [반되]의 '반'이라는 글자들처럼 끝소리에 쓰이는 글자라고 보기를 들어 설명해 주고 있어요.

(5) 'ㅂ'이 끝소리로 사용되는 한자의 뜻에 해당하는 우리말을 보기를 들어 설명하고 있어요.

① 섭이라고 쓰면 '薪(신)'이라는 한자의 뜻인 '섶'을 '섭'이라고 훈민정음 창제 당시에 쓸 때 첫소리 ㅅ과 가운뎃소리 ㅓ의 아래에 끝소리 'ㅂ'을 쓰는 것을 설명하고 있어요. '섶[薪]'은 땔나무를 통틀어 이르는 말이에요.

② ·굽이라고 쓰면 '蹄(제)'라는 한자의 뜻인 '굽'을 쓸 때 첫소리 ㄱ과 가운뎃소리 ㅜ의 아래에 끝소리 'ㅂ'을 쓰는 것을 설명하고 있어요. '굽[蹄]'은 짐승의 발끝에 있는 두껍고 단단한 발톱을 이르는 말이에요.

➡ 그래서 'ㅂ'은 한자의 뜻을 훈민정음으로 쓸 때는 위에서 보기를 든 '섭[薪]'이나 '굽[蹄]'이라는 글자들처럼 끝소리에 쓰이는 글자라고 보기를 들어 설명해 주고 있어요.

(6) 'ㅁ'이 끝소리로 사용되는 한자의 뜻에 해당하는 우리말을 보기를 들어 설명하고 있어요.

① :범이라고 쓰면 '虎(호)'라는 한자의 뜻인 '범'을 쓸 때 첫소리 ㅂ과 가운뎃소리

ㅓ의 아래에 끝소리 'ㅁ'을 쓰는 것을 설명하고 있어요. '범[虎]'은 호랑이를 이르는 말이에요.

② :심이라고 쓰면 '泉(천)'이라는 한자의 뜻인 '샘'을 '심'이라고 훈민정음 창제 당시에 쓸 때 첫소리 ㅅ과 가운뎃소리 •＋ㅣ와 같이 이중 모음의 아래에 끝소리 'ㅁ'을 쓰는 것을 설명하고 있어요. '샘[泉]'은 지하수가 땅 위로 솟아난 곳, 또는 그 물을 이르는 말이에요.

➡ 그래서 'ㅁ'은 한자의 뜻을 훈민정음으로 쓸 때는 위에서 보기를 든 '범'이나 '심'이라는 글자들처럼 끝소리에 쓰이는 글자라고 보기를 들어 설명해 주고 있어요.

(7) 'ㅅ'이 끝소리로 사용되는 한자어와 한자의 뜻에 해당하는 우리말을 보기를 들어 설명하고 있어요.

① :잣이라고 쓰면 '海松(해송)'이라는 한자어의 뜻인 '잣'을 쓸 때 첫소리 ㅈ과 가운뎃소리 ㅏ의 아래에 끝소리 'ㅅ'을 쓰는 것을 설명하고 있어요. '잣'은 잣나무의 씨앗을 이르는 말인데 '해송[海松]'은 海(바다), 松(소나무)이라는 한자어에요.

② ·못이라고 쓰면 '池(지)'라는 한자의 뜻인 '못'을 쓸 때 첫소리 ㅁ과 가운뎃소리 ㅗ의 아래에 끝소리 'ㅅ'을 쓰는 것을 설명하고 있어요. '못[池]'은 넓고 깊게 팬 땅에 늘 물이 괸 곳을 이르는 말이에요.

➡ 그래서 'ㅅ(시옷)'은 한자나 한자어의 뜻을 훈민정음으로 쓸 때는 위에서 보기를 든 '잣'이나 '못'이라는 글자들처럼 끝소리 즉 종성[終聲]에 쓰이는 글자라고 보기를 들어 설명해 주고 있어요.

(8) 'ㄹ'이 끝소리로 사용되는 한자와 한자어의 뜻에 해당하는 우리말을 보기를 들어 설명하고 있어요.

① ·돌이라고 쓰면 '月(월)'이라는 한자의 뜻인 '달'을 '둘'이라고 훈민정음 창제 당시에 쓸 때 첫소리 ㄷ과 가운뎃소리 •의 아래에 끝소리 'ㄹ'을 쓰는 것을 설명하

고 있어요. '달[月]'은 지구의 유일한 자연 위성이자 태양계의 가장 안쪽에 있는 위성을 이르는 말이에요.

② :별이라고 쓰면 '星(성)'이라는 한자의 뜻인 '별'을 쓸 때 첫소리 ㅂ과 가운뎃소리 ㅕ의 아래에 끝소리 'ㄹ'을 쓰는 것을 설명하고 있어요. '별[星]'은 밤하늘에 점의 모습으로 반짝거리는 천체를 뜻하는 말이에요.

➡ 그래서 'ㄹ(리을)'은 한자의 뜻을 훈민정음으로 쓸 때는 위에서 보기를 든 '둘'이나 '별'이라는 글자들처럼 끝소리에 쓰이는 글자라고 보기를 들어 설명해 주고 있어요.

아홉. 훈민정음의 우수성과 편찬자 등 [정인지 서문]

➡ 「정인지 서문」은 『훈민정음』의 '해례'에 대한 서문인데 해석을 상세히 하여 모든 사람을 깨우치게 하라는 임금의 명을 받들어 해례를 집필하게 된 경위를 설명하면서 시작하는 글이에요. 이어서 한자와 신라 때 설총이 만들었다는 이두 사용의 불편함을 지적하고 그래서 새 문자인 훈민정음을 창제하게 된 동기와 필요성에 대해서 강조하고, 세종대왕이 창제한 훈민정음의 특징과 장점 등에 관하여 간략하게 설명한 뒤에 세종대왕의 뛰어난 업적을 찬양한 글인데, 집필에 참여한 최항, 박팽년, 성삼문, 신숙주, 강희안, 이개, 이선로를 대표하여 그 우두머리인 정인지가 작성하였기 때문에 「정인지 서문」이라고 해요.

천지자연의 소리가 있으면 반드시 천지자연의 문자가 있다. 이런 까닭에 옛사람이 소리로 인하여 글자를 만들어서 만물의 뜻을 통하고, 삼재의 도를 실었으나 후세에서 능히 바꿀 수가 없었다. 그러나 사방의 풍토가 구별되고 말소리의 기운 또한 따르게 되면서 다르게 되었다.

대개 외국의 말은 그 소리는 있어도 그 글자는 없으므로, 중국의 글자를 빌려서 그 일용에 통하게 하니, 이것이 둥근 장부가 네모진 구멍에 들어가 서로 어긋남과 같은데, 어찌 능히 통하여 막힘이 없겠는가? 요컨대 글자란 모두 각자가 사는 곳에 따라서 정해질 것이지, 강요해서 같이 쓰게 할 수는 없는 것이다.

우리 동방의 예악과 문장 등 문물제도가 중화라고 하는 중국과 견줄만 하다. 다만 나라말만은 중국과 같지 않다. 그래서 글을 배우는 사람은 그 뜻을 깨닫기가 어려움을 근심하고, 법을 다스리는 사람은 그 곡절을 통하기 어려움을 괴롭게 여기고 있다.

옛날에 신라의 설총이 처음으로 이두 글자를 만들었는데, 관청과 민간에서는 지금까지도 그것을 쓰고 있다. 그러나 모두 한자를 빌려서 쓰는 것이므로, 어떤 것은 어색하고 어떤 것은 막힌 듯하여서 답답하다. 다만 속되고 이치에 맞지 않을 뿐만 아니라, 우리말을 적는데 이르러서는 그 만분의 일도 도달하지 못하는 것이다.

계해년(1443) 겨울에
우리 전하께서 비로소 정음 스물여덟 자를 창제하시고, 간략하게 보기[例]와 뜻[義]을 들어 보여 주시며 이름을 훈민정음이라고 지으셨다.

이 글자는 모양을 본떠서 만들되 글자 모양은 옛날 전서를 본떴고, 소리의 원리에 따라 음률은 일곱 가락에 들어맞는다.

삼재의 뜻과 음양 이기의 오묘함을 두루 갖추지 않은 것이 없다. 게다가 이 스물여덟 글자를 가지고 전환이 무궁하여 간단하면서도 요점을 잘 드러내고 정밀하면서도 두루 통할 수 있다.

이런 까닭에 슬기로운 사람은 하루아침을 마치기도 전에 깨우칠 수 있고 어리석은 자라도 가히 두루 미쳐서 열흘이면 배울 수 있다.

이 글자로써 한문을 풀이하면 가히 그 뜻을 알 수 있고, 이 글자로써 송사를 심리하더라도 그 실정을 알 수 있게 되었다.

한자의 운으로는 맑고 흐린 소리를 능히 구별할 수 있고, 악가의 율려가 고르게 되며, 글을 쓰는 데 갖추어지지 않은 바가 없고, 어떤 경우에라도 이르러 통달하지 못할 것이 없다.

비록 '휘이잉'하는 바람 소리와, '뼈우'하는 학의 울음소리, '꼬끼오' 같은 닭 우는 소리, '멍멍', '컹컹'하고 개가 짖는 소리일지라도 모두 적을 수 있는 글자는 훈민정음 밖에 없다.

드디어 전하께서 우리 집현전 학자들에게 이 글자에 대해 자세한 해석을 덧붙여서 모든 사람을 깨우치게 하라고 분부하셨다.

이에 신 정인지는 집현전 응교 신 최항과 부교리 신 박팽년과 신 신숙주와 수찬 신 성삼문과 돈녕부 주부 신 강희안과 행 집현전 부수찬 신 이개와 신 이선로 등과 더불어 삼가 여러 가지 풀이[解]와 보기[例]를 지어서 그 요점만 간략하게 서술하여 이 책을 보는 사람은 스승이 없어도 스스로 깨우치도록 바랐사오나 그 깊은 연원이나, 자세하고 오묘한 깊은 이치에 대해서는 신들이 능히 펴 나타낼 수 있는 바가 아니다.

공손히 생각하옵건대 우리 전하께서는 하늘이 내신 성인으로서 지으신 법도와 베푸신 업적이 온갖 임금을 뛰어넘으셔서, 정음을 지으심도 앞선 사람이 지은 설을 이어 받으심이 없이 자연의 이치에 따라서 이룩하신 것이다. 참으로 그 지극한 이치가 들어있지 아니한 데가 없으니, 사람의 힘으로 사사로이 한 것이 아니다.

대저 동방에 나라가 있은 지가 오래되지 않음이 아니지만, 만물의 뜻을 깨달아 모든 일을 온전하게 이루게 하는 큰 지혜는 오늘을 기다리고 있었던 것이다.

정통 11년 9월 상한, 자헌대부 예조판서 집현전 대제학 지춘추관사 세자우빈객, 신 정인지는 두 손 모아 절하고 머리 조아려 삼가 쓴다라고 적었어요.

《훈민정음 해례본》 집필에 참여한 8학자

① 정인지(鄭麟趾) 1396년(태조 5) ~ 1478년(성종 9)

　　세종~문종대에 국왕의 신임을 받으면서 문헌을 관장하고 역사·천문·역법·아악을 정리하였으며 훈민정음 창제에도 참여하는 등 문풍 육성과 제도 정비에 기여하였어요.

② 최항(崔恒) 1409년(태종 9) ~ 1474년(성종 5)

　　박팽년·신숙주·성삼문 등과 같이 훈민정음 창제에 참여하였고 1445년 집현전 응교로서 『용비어천가』를 짓는 일에 참여하였어요.

③ 박팽년(朴彭年) 1417년(태종 17) ~ 1456년(세조 2)

　　집현전 학사로서 세종과 문종의 깊은 총애를 받았고 단종이 왕위를 잃게 되자, 두 임금을 섬길 수 없다는 높은 절의는 오늘날까지 온 국민의 숭앙의 대상이 되고 있어요.

④ 신숙주(申叔舟) 1417년(태종 17) ~ 1475년(성종 6)

　　집현전 수찬을 지내면서 그는 세종의 뜻을 받들어 훈민정음 창제와 연구에 심혈을 기울였고 다른 일곱 학자와 함께 1446년 9월에 《훈민정음해례본》편찬을 완료하였어요.

⑤ 성삼문(成三問) 1418년(태종 18) ~ 1456년(세조 2)

　　집현전학사로 뽑혀 세종의 지극한 총애를 받으면서 1446년 9월에 역사적인 훈민정음을 반포하는 데 큰 공헌을 한 것은 높은 절의에 뒤지지 않는 큰 업적이라 할 수 있어요.

⑥ 강희안(姜希顔) 1418년(태종 18) ~ 1464년(세조 10)

　　1444년 최항·박팽년·신숙주와 함께 의사청에 나아가 언문으로 운회를 번역했고, 1445년에는 최항 등과 「용비어천가」의 주석을 붙였어요.

⑦ 이개(李塏) 1417년(태종 17) ~ 1456년(세조 2)

　　1441년에 집현전 저작랑으로서 훈민정음의 제정에도 참여하였고 1444년 집현전 부수찬으로서 의사청에 나가 언문으로 『운회』를 번역하는 일에 참여하였어요.

⑧ 이선로(李善老) ? ~ 1453년(단종 원년)

　　이선로는 초명으로 이현로라는 이름으로 역사에 기록되어 있어요. 1438년 식년문과에 을과 급제하여 집현전 교리로 등용되었고 세종, 문종, 단종에 걸쳐 세 임금을 섬겼어요.

세 번째.
훈민정음 해례본은 어떻게 생겼을까요?

현대의 '한글'은 '왼쪽에서부터 쓰기 시작하여 오른쪽으로 써가는 「가로쓰기」'이지만, 《훈민정음해례본》은 전통적으로 '오른쪽에서부터 쓰기 시작하여 왼쪽으로 써가는 「세로쓰기」' 방식으로 편찬되었어요. 그래서 국보 제70호 《훈민정음해례본》은 뒤쪽에서부터 순서대로 보아야 한답니다. **143페이지부터 왼쪽으로 읽어주세요.**

정인지서문(鄭麟趾序文)

《훈민정음》의 창제이유와 창제자가 누구인지, 훈민정음의 우수성과 《해례본》 편찬에 참여한 사람, 편찬연월일을 밝히고 있어요.

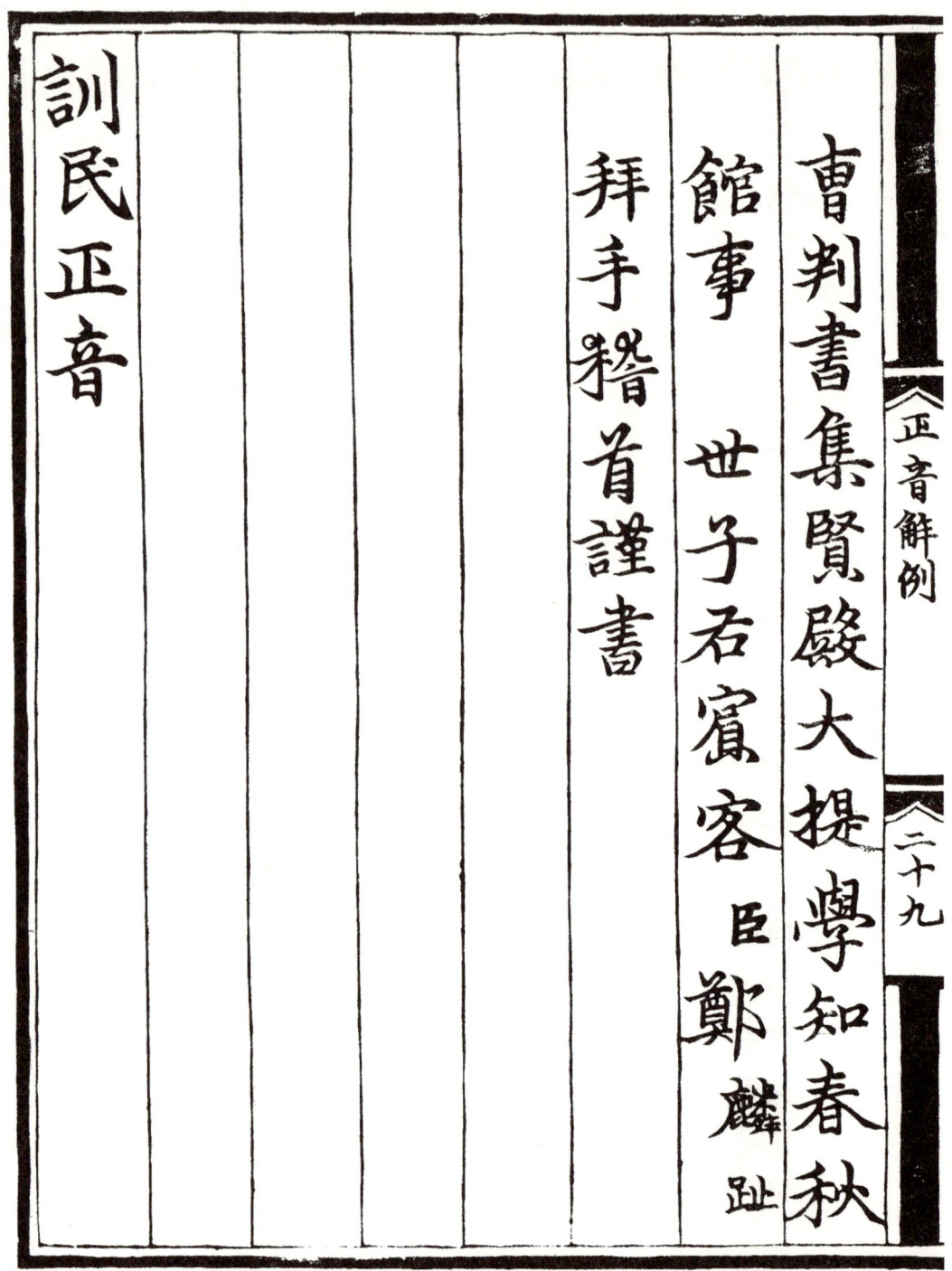

▲《해례본》의 신하들이 쓴 본문은 한 면마다 8행으로 나뉘어 있고, 한 행마다 13자씩 쓰여 있는데, 정인지 서문은 한 글자씩 내려썼어요.

🟦 정인지서문(鄭麟趾序文)

《훈민정음》의 창제이유와 창제자가 누구인지, 훈민정음의 우수성과 《해례본》 편찬에 참여한 사람, 편찬연월일을 밝히고 있어요.

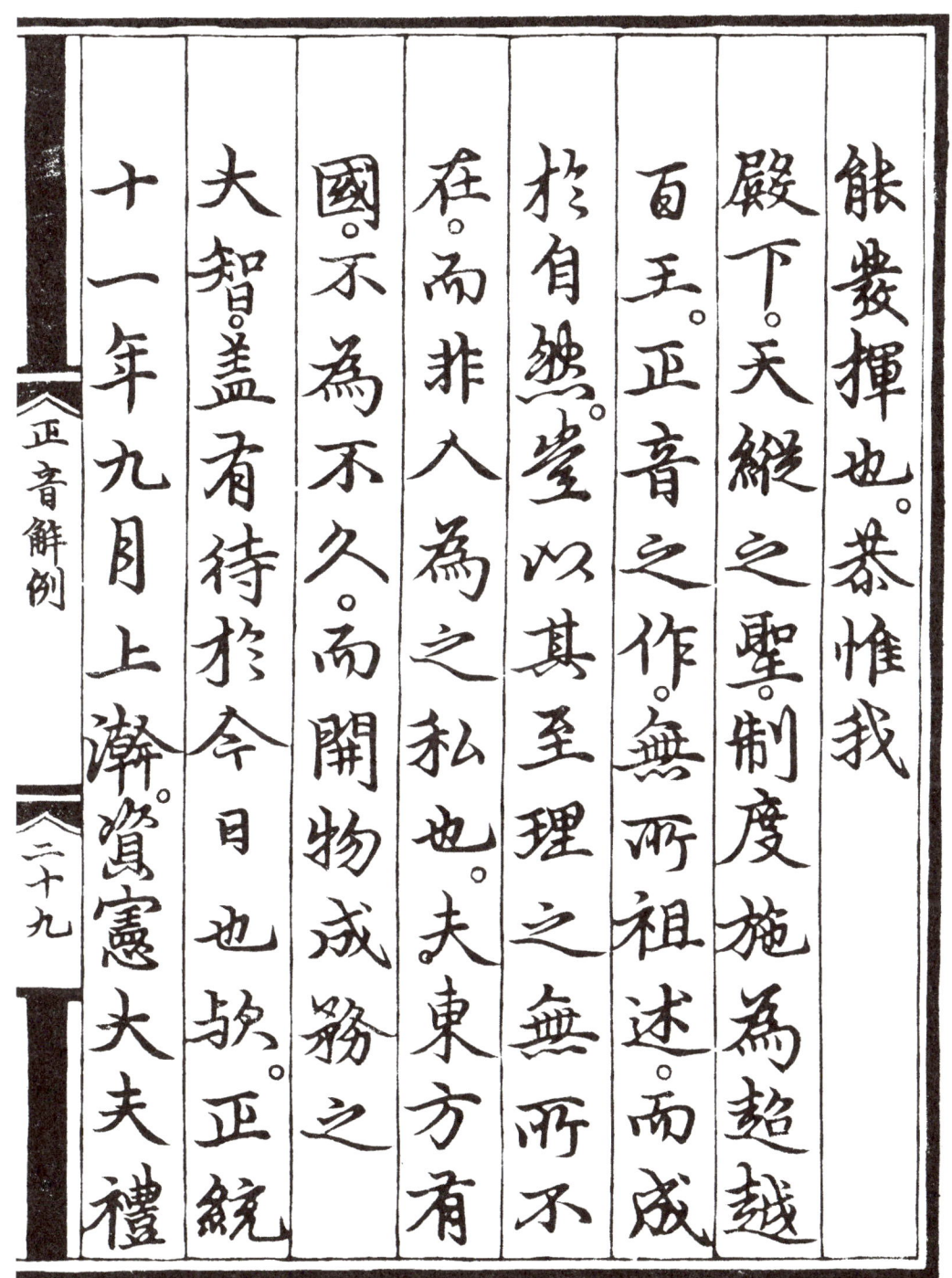

▲ 위 《해례본》의 한문은 이 책 75쪽에 쉽게 풀이해 놓았으니 참고하세요.

정인지서문(鄭麟趾序文)

《훈민정음》의 창제이유와 창제자가 누구인지, 훈민정음의 우수성과
《해례본》 편찬에 참여한 사람, 편찬연월일을 밝히고 있어요.

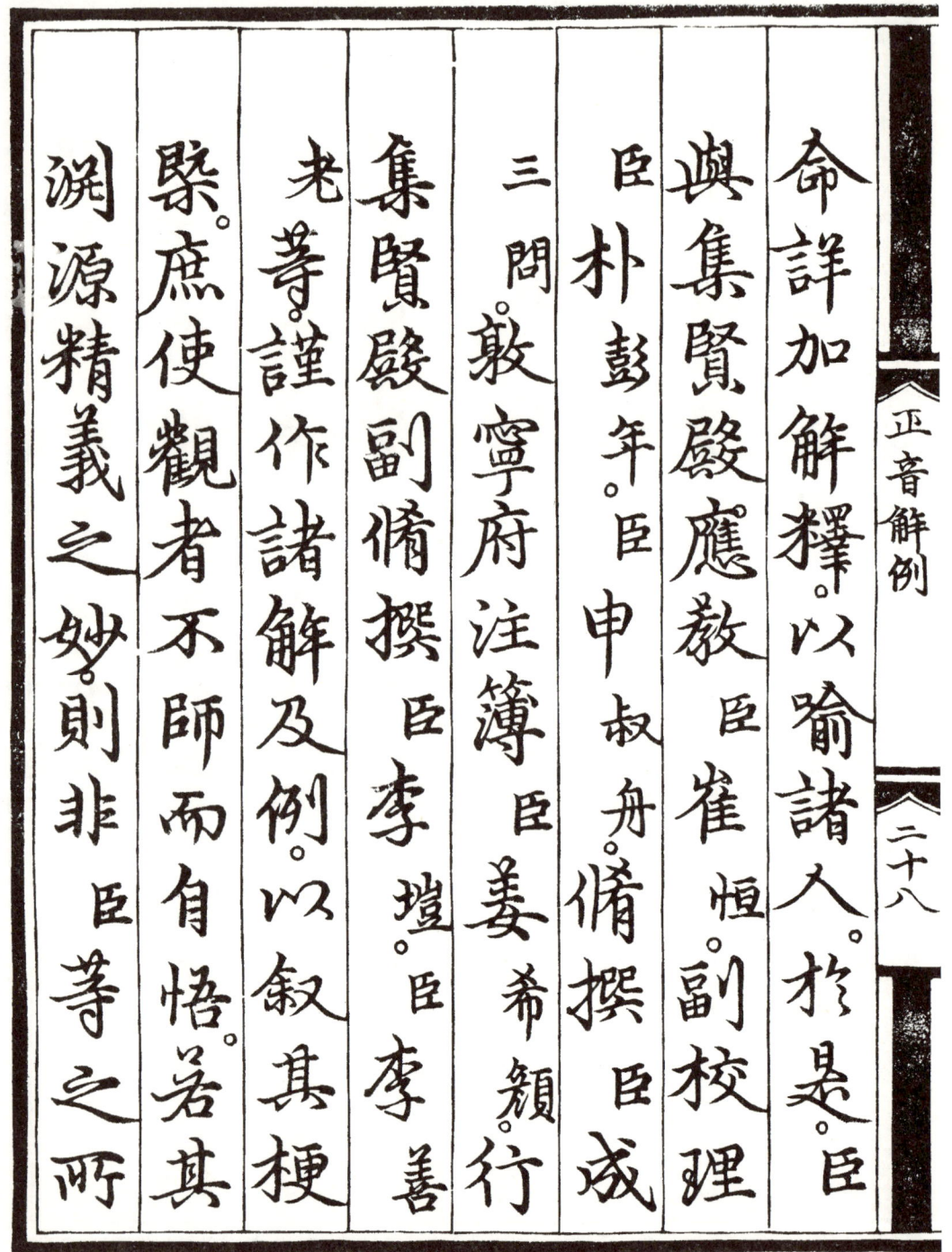

▲ 위《해례본》의 한문은 이 책 74~75쪽에 쉽게 풀이해 놓았으니 참고하세요.

정인지서문(鄭麟趾序文)

《훈민정음》의 창제이유와 창제자가 누구인지, 훈민정음의 우수성과
《해례본》 편찬에 참여한 사람, 편찬연월일을 밝히고 있어요.

> 括。以二十八字而轉換無窮簡
> 而要精而通。故智者不終朝而
> 會愚者可浹旬而學。以是解書
> 可以知其義。以是聽訟。可以得
> 其情。字韻則淸濁之能辨樂歌
> 則律呂之克諧無所用而不備。
> 無所往而不達雖風聲鶴唳雞
> 鳴狗吠。皆可得而書矣。遂
>
> 《正音解例》　《二十八》

▲ 위《해례본》의 한문은 이 책 74쪽에 쉽게 풀이해 놓았으니 참고하세요.

세 번째. 훈민정음 해례본은 어떻게 생겼을까? 81

▦ 정인지서문(鄭麟趾序文)

《훈민정음》의 창제이유와 창제자가 누구인지, 훈민정음의 우수성과
《해례본》 편찬에 참여한 사람, 편찬연월일을 밝히고 있어요.

讀官府民間。至今行之。然尙僞
字而用。或澁或窒。非但鄙陋無
稽而已。至於言語之間。則不能
達其萬一焉。癸亥冬我
殿下創制正音二十八字。略揭
例義以示之。名曰訓民正音。象
形而字倣古篆。因聲而音叶七
調。三極之義。二氣之妙。莫不該
括。

〈正音解例〉〈二十七〉

▲ 위《해례본》의 한문은 이 책 73~74쪽에 쉽게 풀이해 놓았으니 참고하세요.

🏛 정인지서문(鄭麟趾序文)

《훈민정음》의 창제이유와 창제자가 누구인지, 훈민정음의 우수성과
《해례본》 편찬에 참여한 사람, 편찬연월일을 밝히고 있어요.

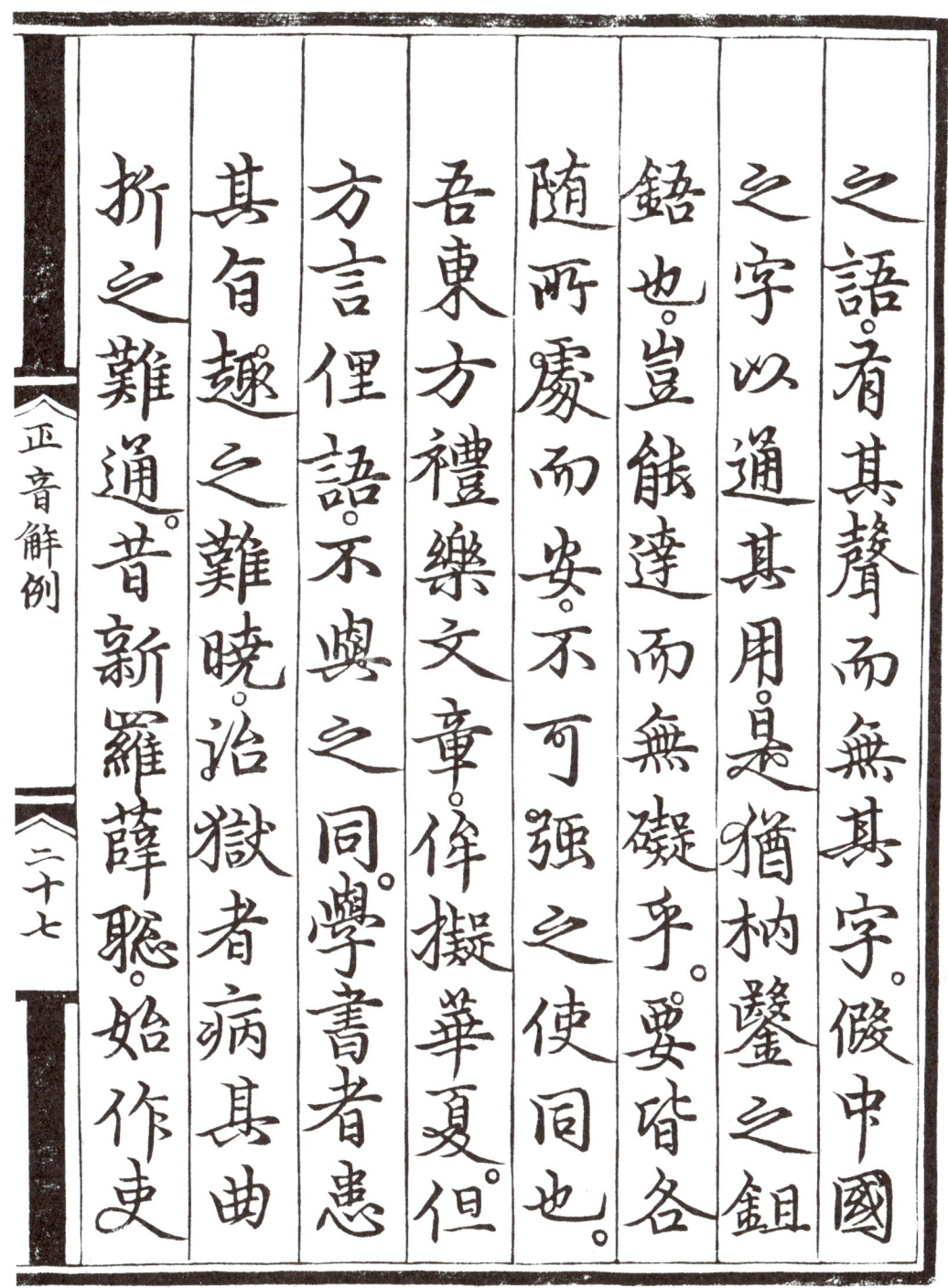

▲ 위《해례본》의 한문은 이 책 73쪽에 쉽게 풀이해 놓았으니 참고하세요.

정인지서문(鄭麟趾序文)

《훈민정음》의 창제이유와 창제자가 누구인지, 훈민정음의 우수성과 《해례본》편찬에 참여한 사람, 편찬연월일을 밝히고 있어요.

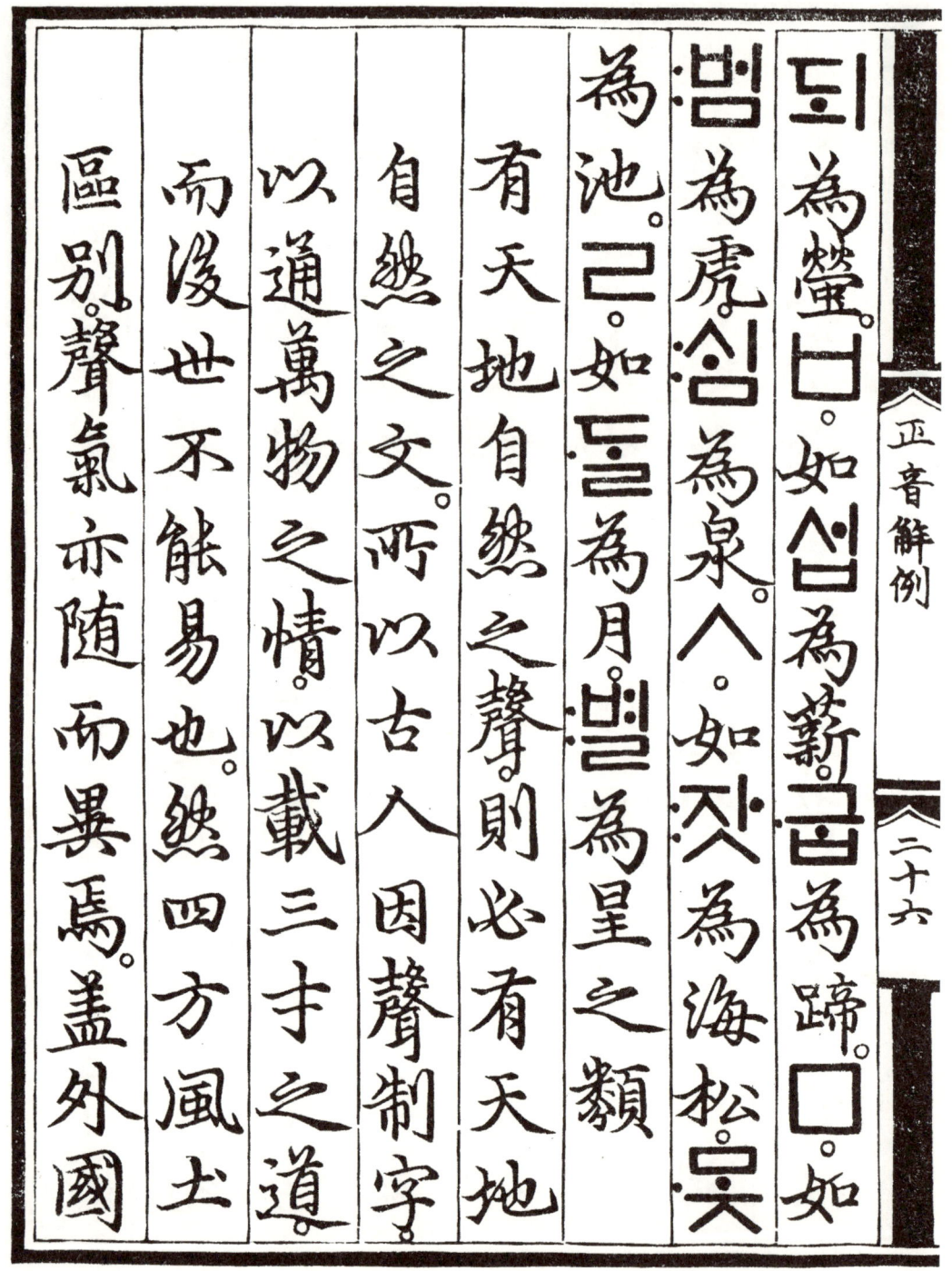

▲ 위 《해례본》의 한문은 이 책 70~73쪽에 쉽게 풀이해 놓았으니 참고하세요.

■ 용자례(用字例)

《훈민정음》의 초성, 중성, 종성의 순서를 명시하고
실제 어떤 낱말을 어떻게 사용하는지 보기를 들어서 설명하고 있어요.

▲ 위 《해례본》의 한문은 이 책 65~70쪽에 쉽게 풀이해 놓았으니 참고하세요.

▨ 용자례(用字例)

《훈민정음》의 초성, 중성, 종성의 순서를 명시하고
실제 어떤 낱말을 어떻게 사용하는지 보기를 들어서 설명하고 있어요.

▲ 위 《해례본》의 한문은 이 책 59~64쪽에 쉽게 풀이해 놓았으니 참고하세요.

용자례(用字例)

《훈민정음》의 초성, 중성, 종성의 순서를 명시하고
실제 어떤 낱말을 어떻게 사용하는지 보기를 들어서 설명하고 있어요.

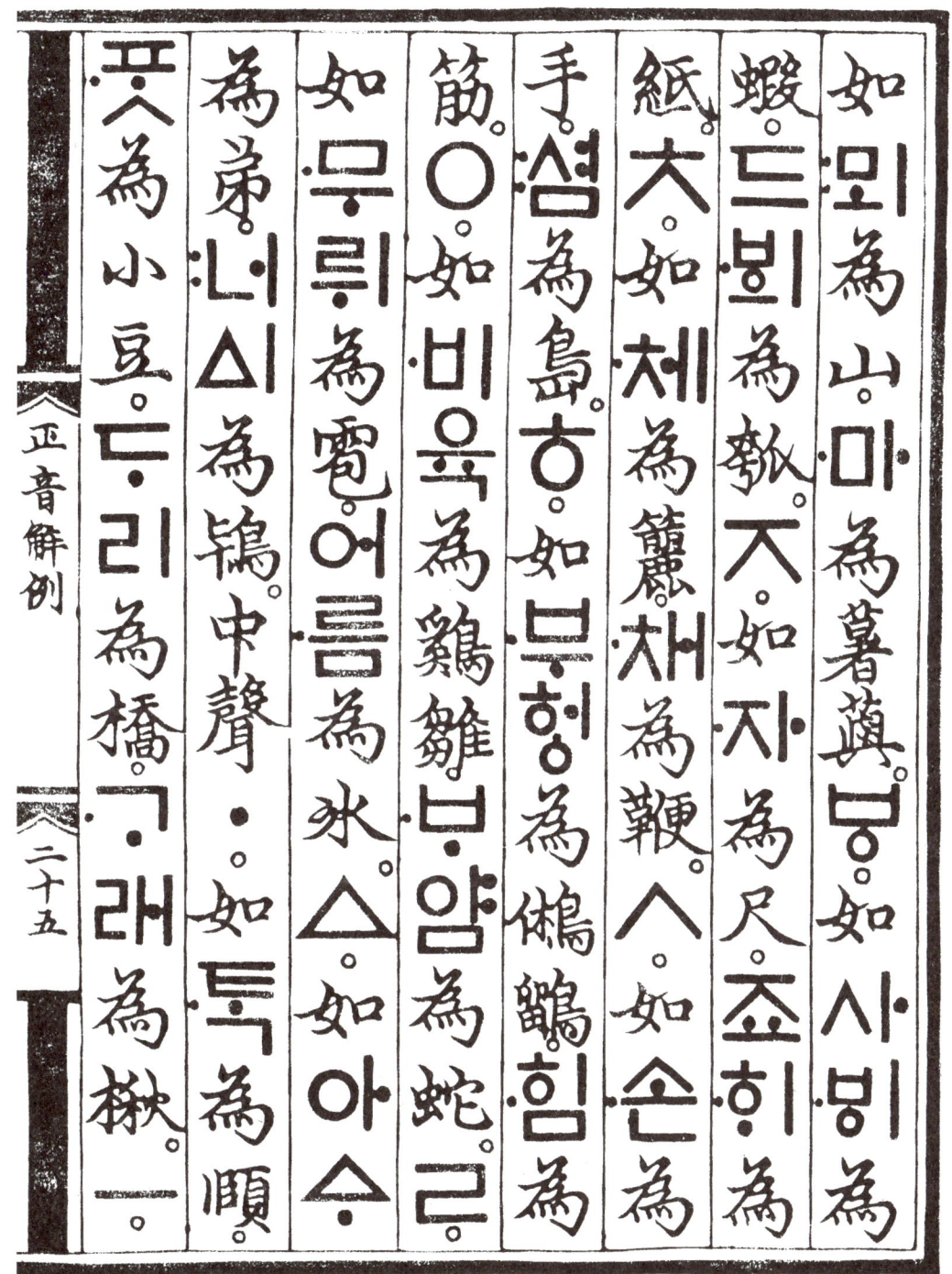

▲ 위 《해례본》의 한문은 이 책 56~59쪽에 쉽게 풀이해 놓았으니 참고하세요.

용자례(用字例)

《훈민정음》의 초성, 중성, 종성의 순서를 명시하고
실제 어떤 낱말을 어떻게 사용하는지 보기를 들어서 설명하고 있어요.

》正音解例 《二十四

大東千古開矇矓

用字例

初聲ㄱ。如:감爲柿。골爲蘆。ㅋ。如우
ㅔ爲未舂稻。콩爲大豆。ㆁ。如러울
爲獺。서에爲流澌。ㄷ。如·뒤爲茅담
爲墻。ㅌ。如고티爲繭。두텁爲蟾蜍。
ㄴ。如노로爲獐。납爲猿。ㅂ。如붇爲
臂。·벌爲蜂。ㅍ。如·파爲葱。·풀爲蠅。ㅁ。

▲ 위 《해례본》의 한문은 이 책 52~55쪽에 쉽게 풀이해 놓았으니 참고하세요.

▨ 합자해(合字解)

《훈민정음》에서 자음자와 모음자를 결합하여 어떻게 글자가 되게 하는 가에 대해서 풀이하고 있어요.

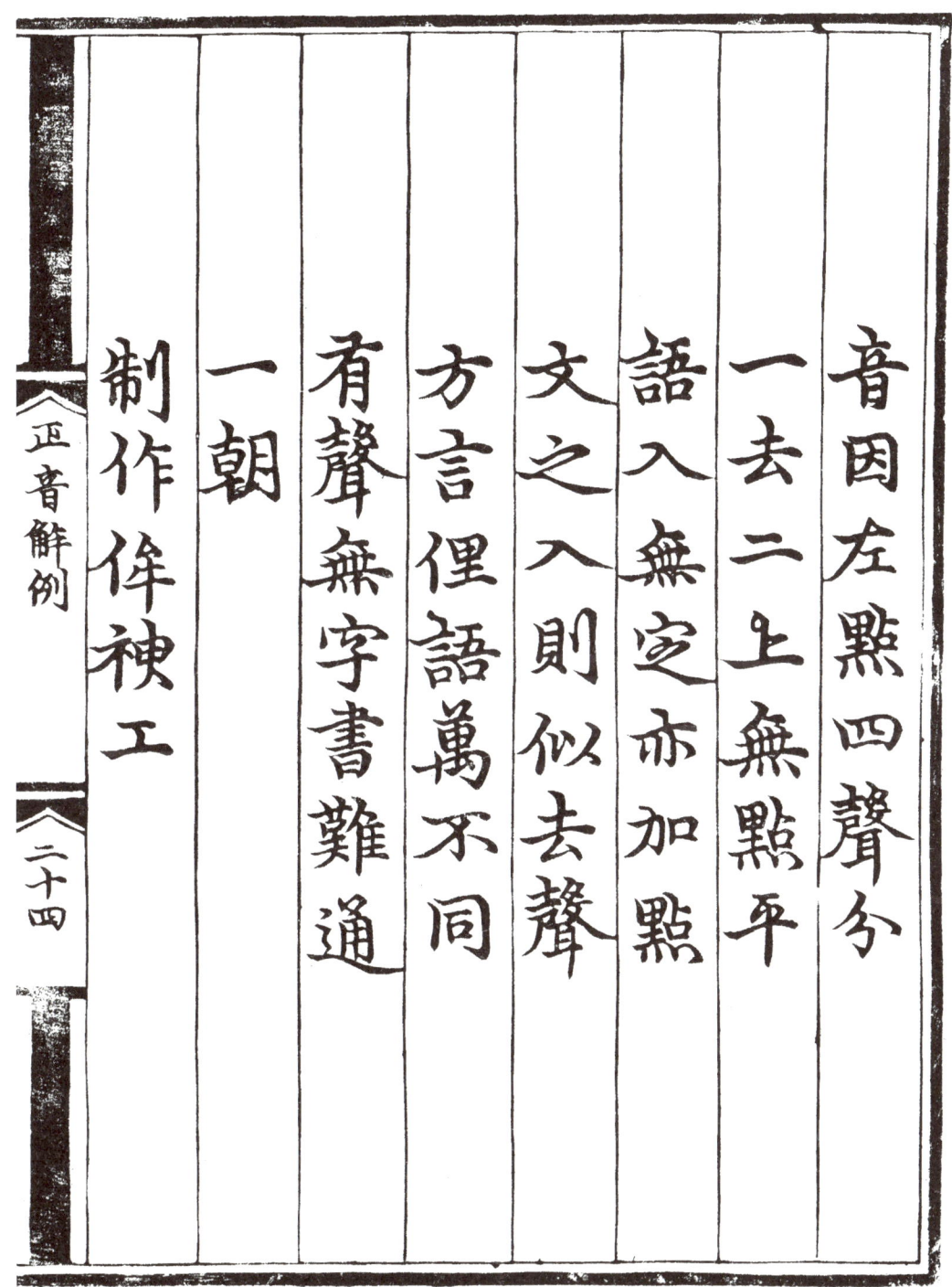

▲ 위 《해례본》의 한문은 이 책 52쪽에 쉽게 풀이해 놓았으니 참고하세요.

합자해(合字解)

《훈민정음》에서 자음자와 모음자를 결합하여 어떻게 글자가 되게 하는 가에 대해서 풀이하고 있어요.

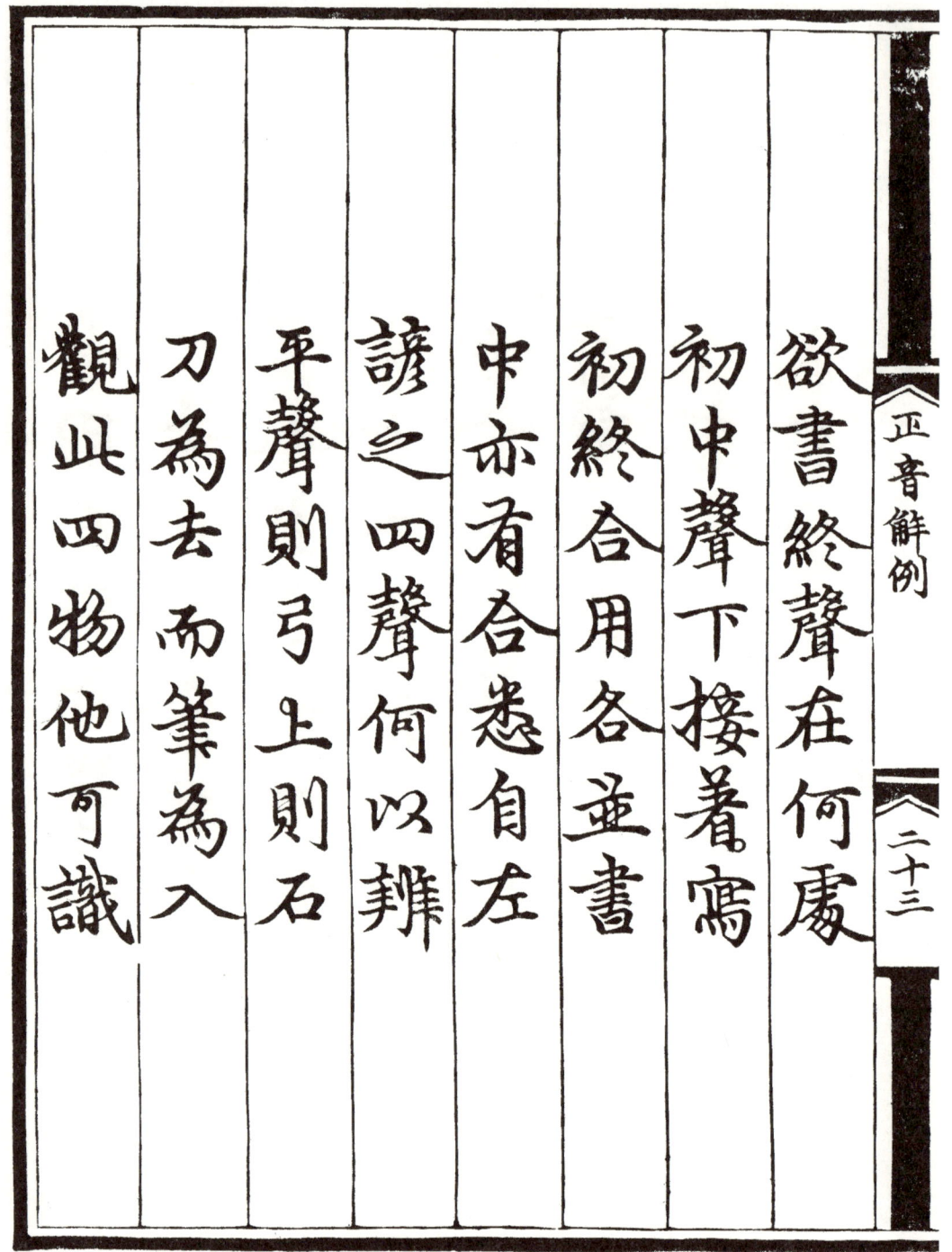

▲ 위 《해례본》의 한문은 이 책 52쪽에 쉽게 풀이해 놓았으니 참고하세요.

합자해(合字解)

《훈민정음》에서 자음자와 모음자를 결합하여 어떻게 글자가 되게 하는 가에 대해서 풀이하고 있어요.

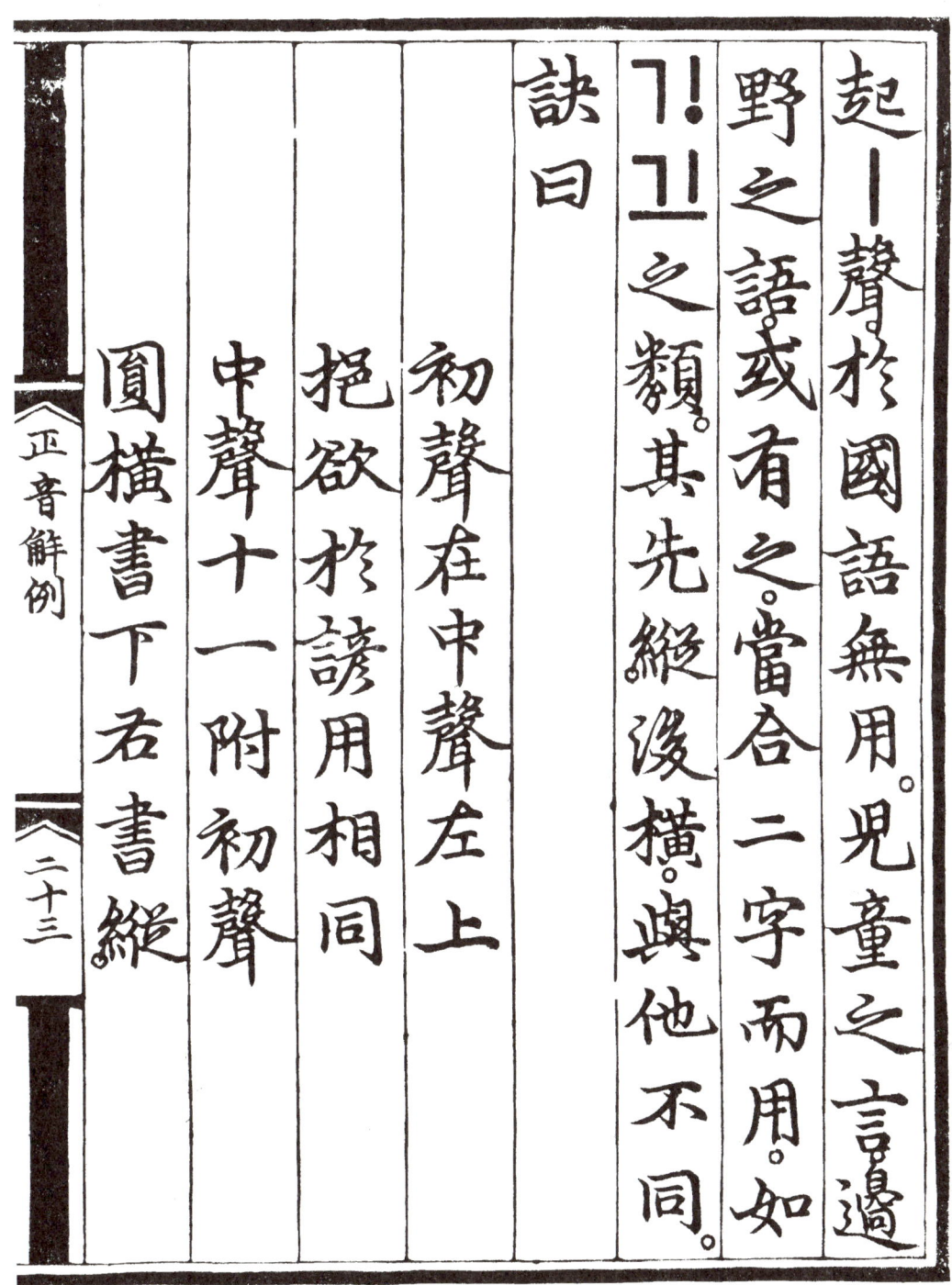

▲ 위《해례본》의 한문은 이 책 51~52쪽에 쉽게 풀이해 놓았으니 참고하세요.

합자해(合字解)

《훈민정음》에서 자음자와 모음자를 결합하여 어떻게 글자가 되게 하는 가에 대해서 풀이하고 있어요.

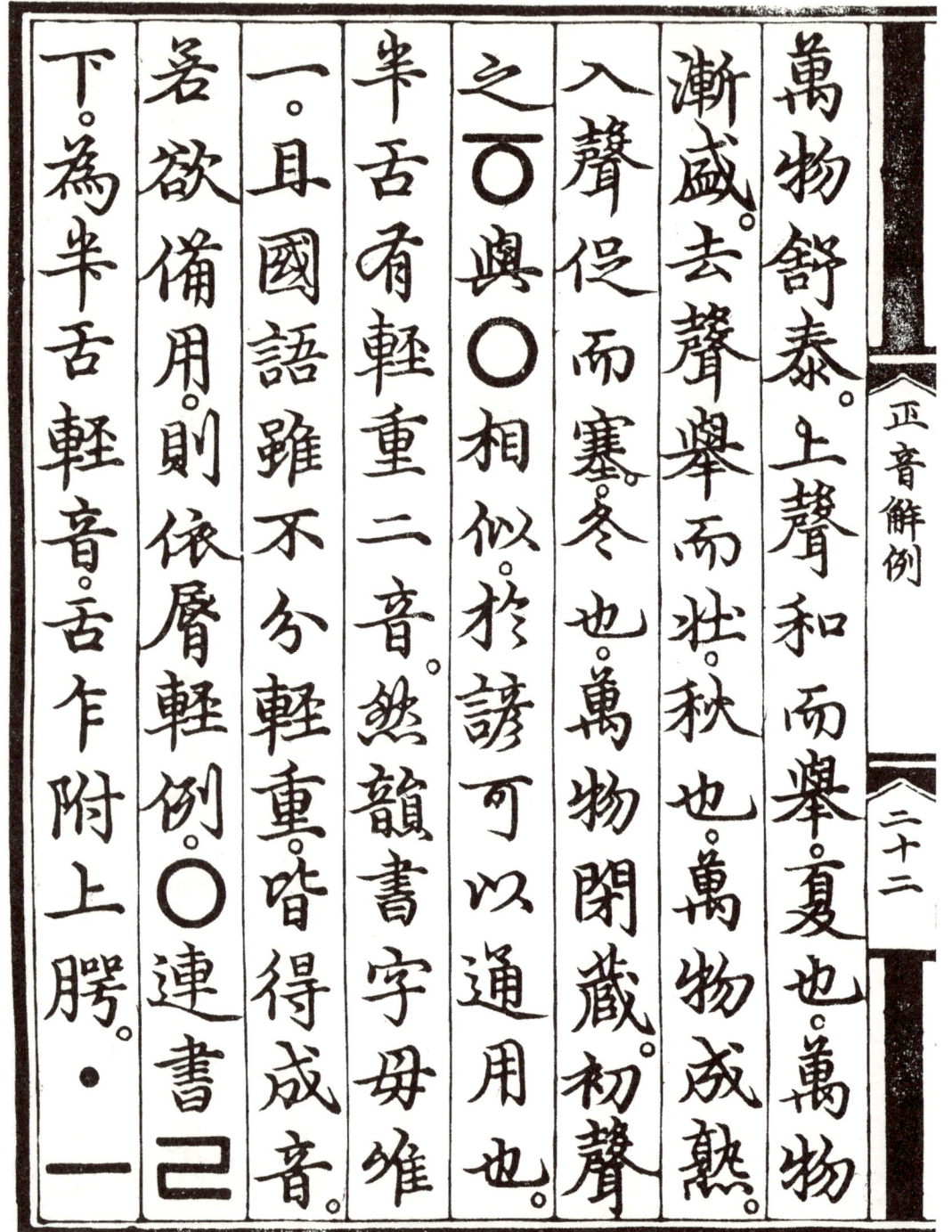

▲ 위《해례본》의 한문은 이 책 51쪽에 쉽게 풀이해 놓았으니 참고하세요.

🟦 합자해(合字解)

《훈민정음》에서 자음자와 모음자를 결합하여 어떻게 글자가 되게 하는 가에 대해서 풀이하고 있어요.

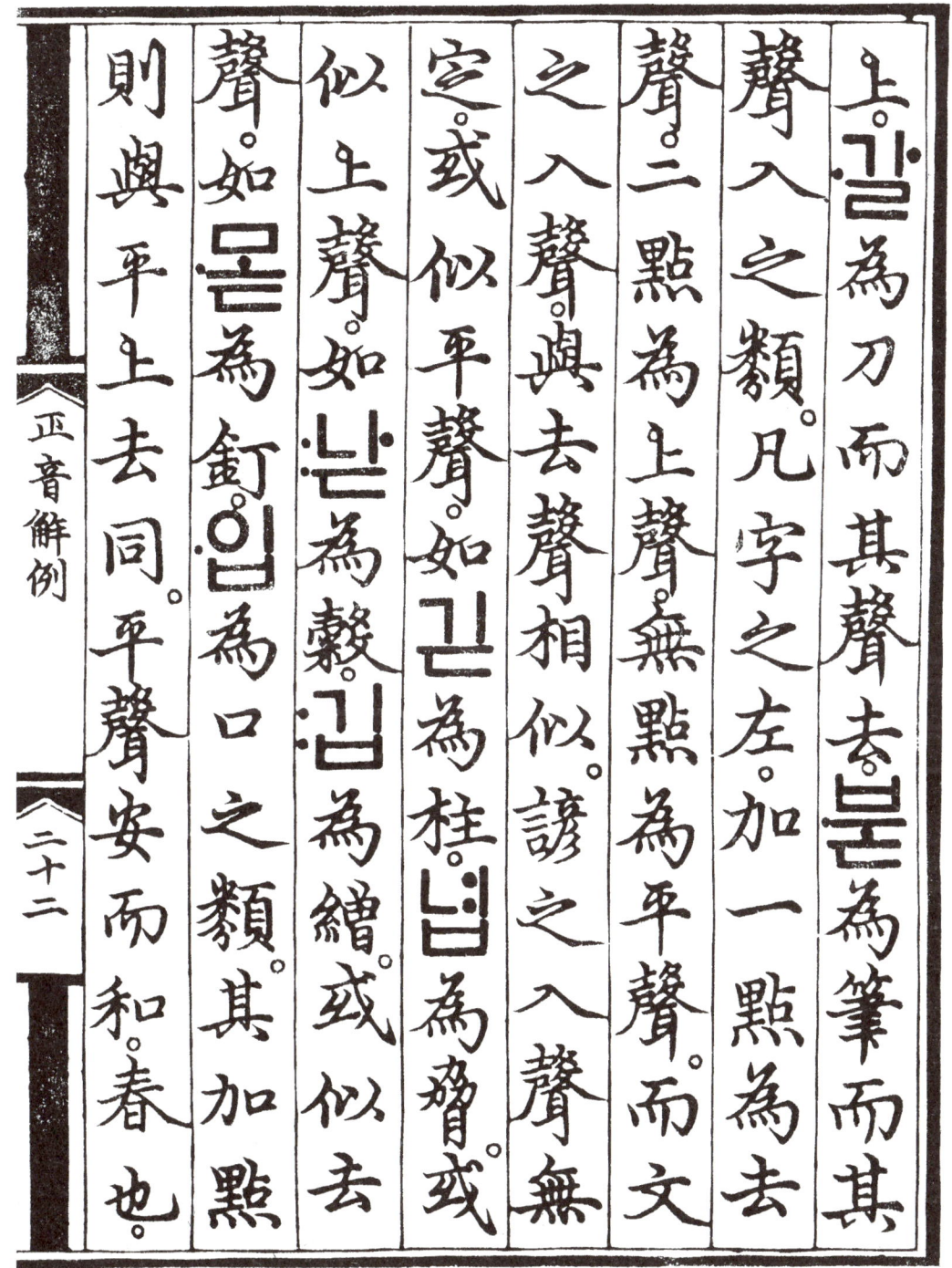

▲ 위 《해례본》의 한문은 이 책 50~51쪽에 쉽게 풀이해 놓았으니 참고하세요.

합자해(合字解)

《훈민정음》에서 자음자와 모음자를 결합하여 어떻게 글자가 되게 하는 가에 대해서 풀이하고 있어요.

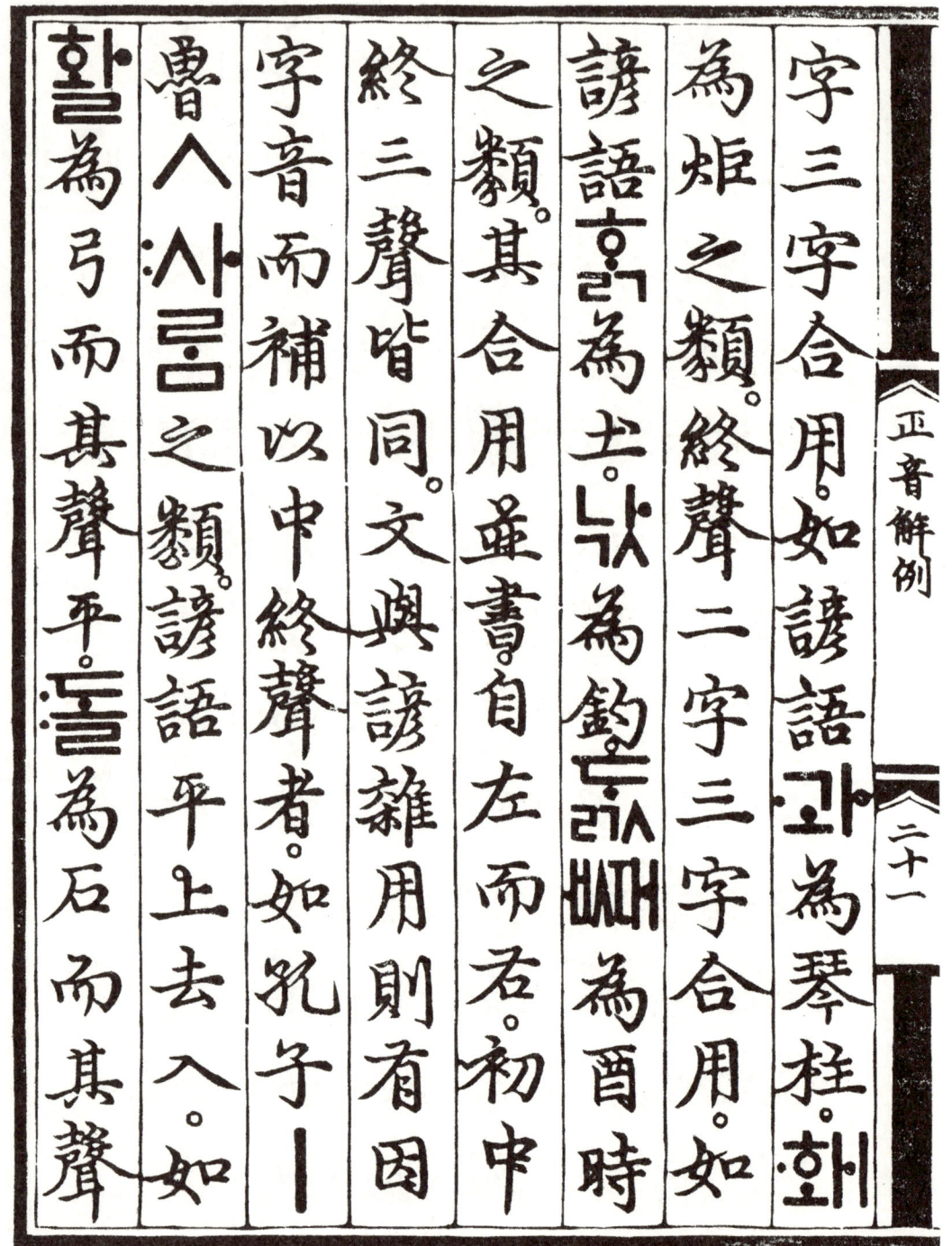

▲ 위《해례본》의 한문은 이 책 50쪽에 쉽게 풀이해 놓았으니 참고하세요.

합자해(合字解)

《훈민정음》에서 자음자와 모음자를 결합하여 어떻게 글자가 되게 하는 가에 대해서 풀이하고 있어요.

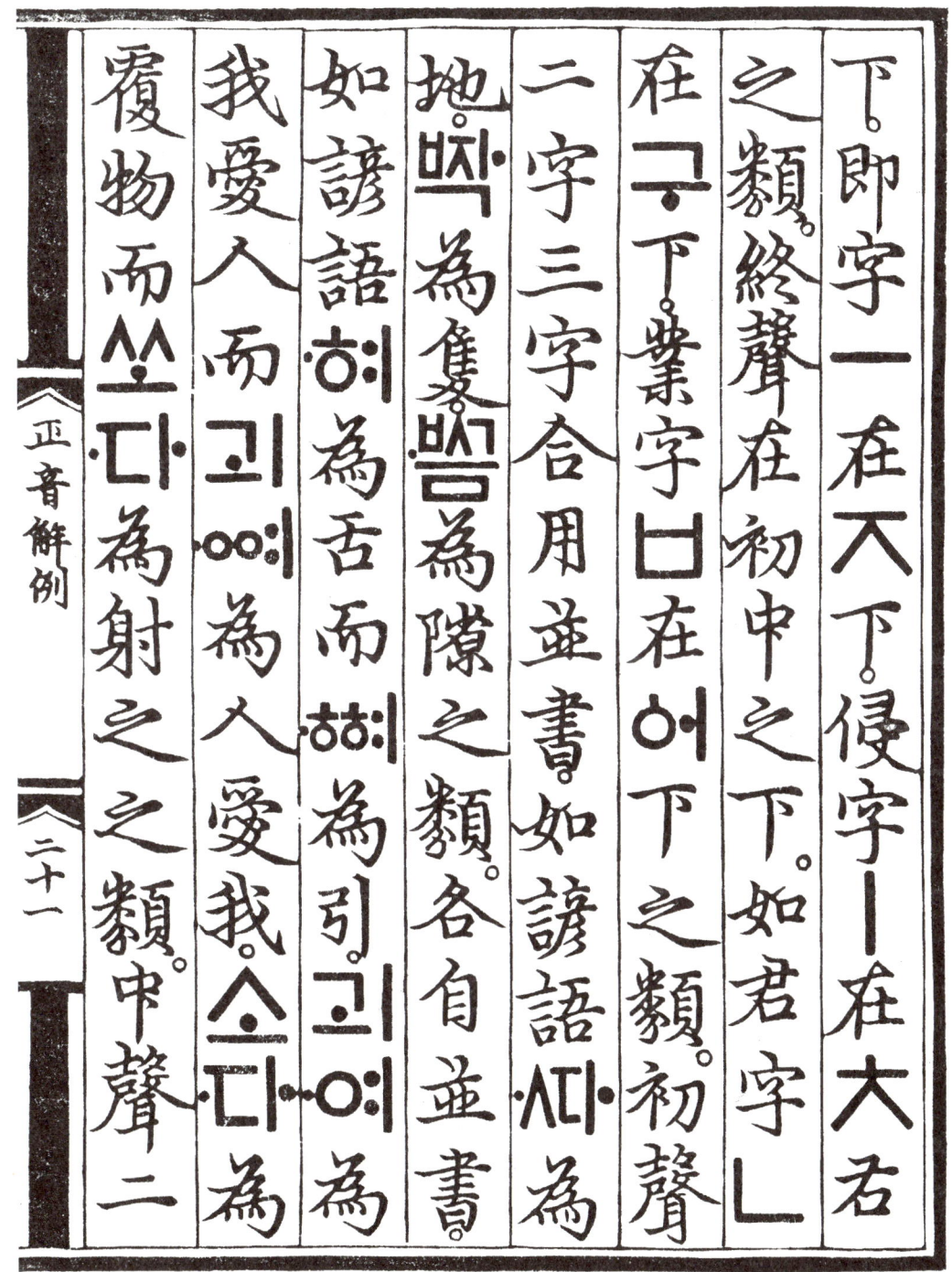

▲ 위《해례본》의 한문은 이 책 49~50쪽에 쉽게 풀이해 놓았으니 참고하세요.

🟦 합자해(合字解)

《훈민정음》에서 자음자와 모음자를 결합하여 어떻게 글자가 되게 하는 가에 대해서 풀이하고 있어요.

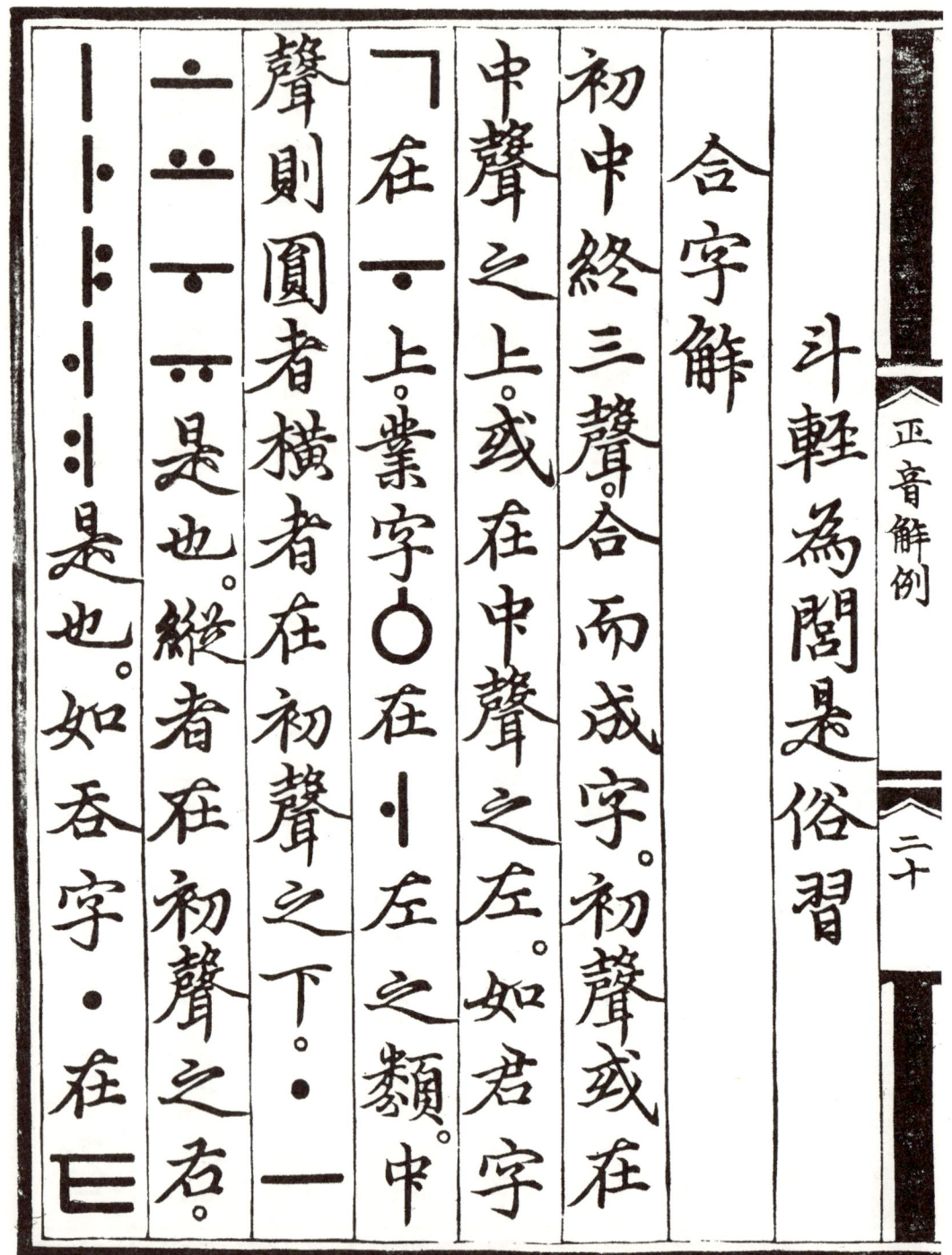

▲ 위 《해례본》의 한문은 이 책 48~49쪽에 쉽게 풀이해 놓았으니 참고하세요.

▨ 종성해(終聲解)

《훈민정음》에서 종성(끝소리)의 개념과 운용 방법, 소리의 완급 등에 대해서 풀이하고 있어요.

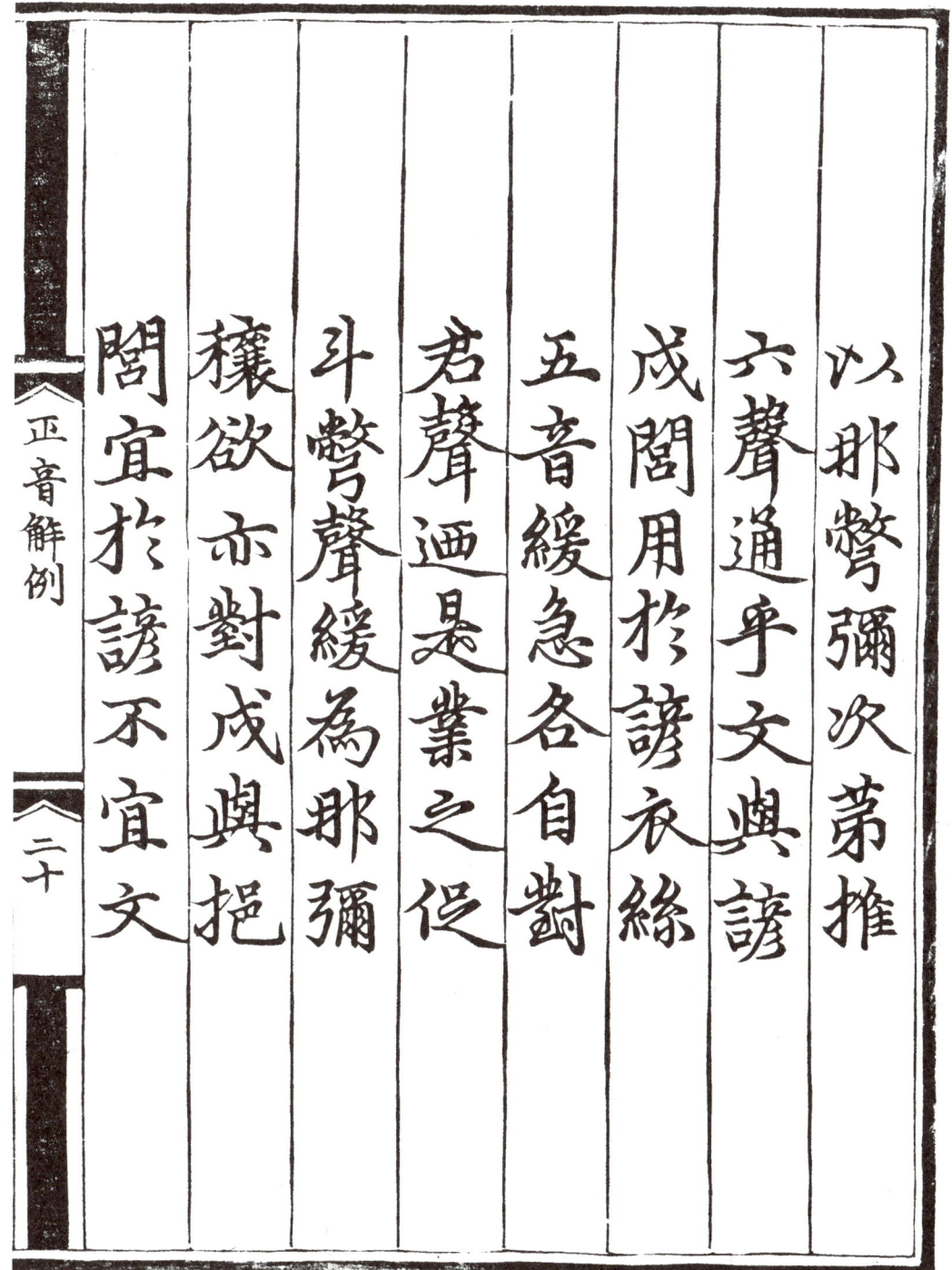

▲ 위 《해례본》의 한문은 이 책 47~48쪽에 쉽게 풀이해 놓았으니 참고하세요.

종성해(終聲解)

《훈민정음》에서 종성(끝소리)의 개념과 운용 방법, 소리의 완급 등에 대해서 풀이하고 있어요.

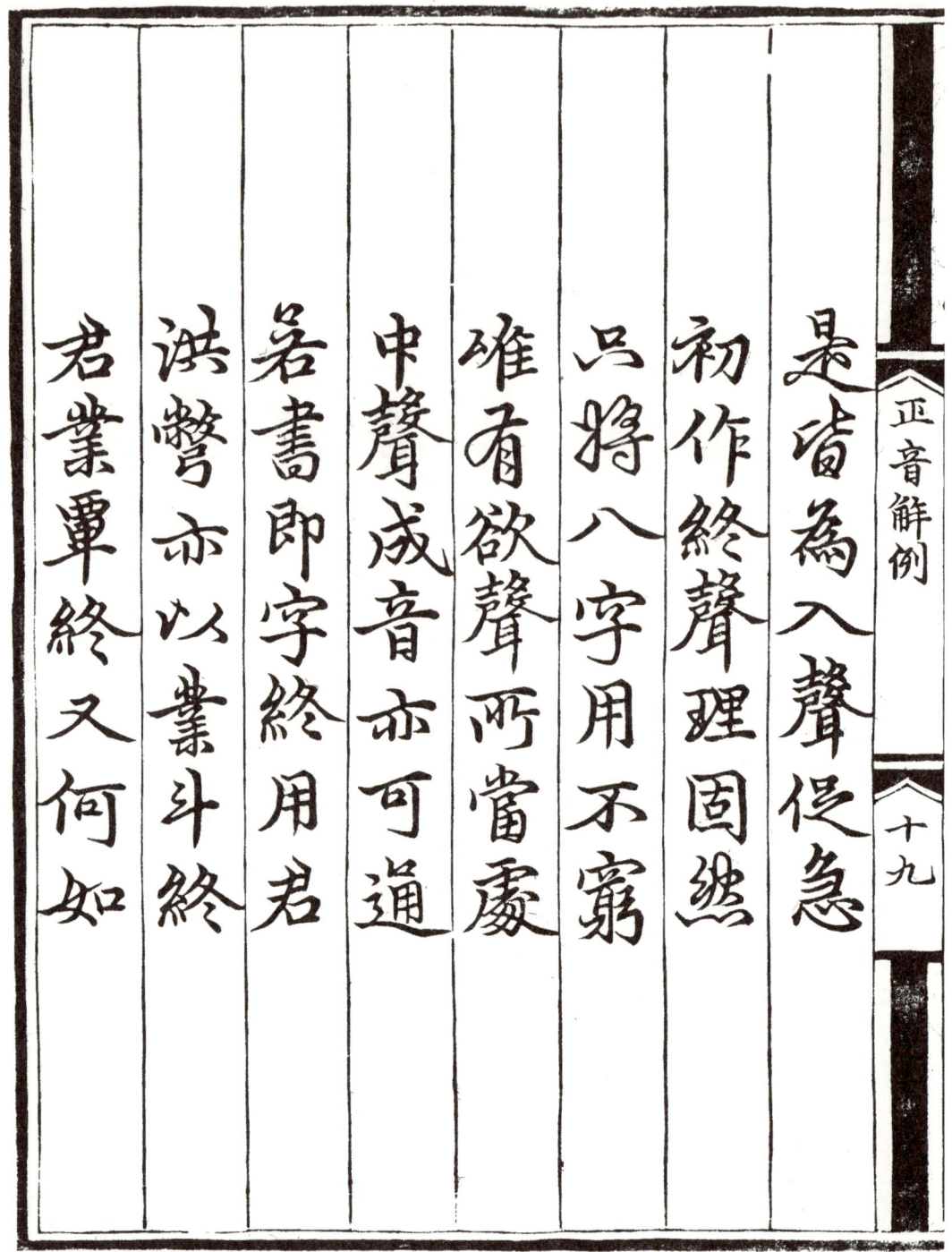

▲ 위 《해례본》의 한문은 이 책 47쪽에 쉽게 풀이해 놓았으니 참고하세요.

종성해(終聲解)

《훈민정음》에서 종성(끝소리)의 개념과 운용 방법, 소리의 완급 등에 대해서 풀이하고 있어요.

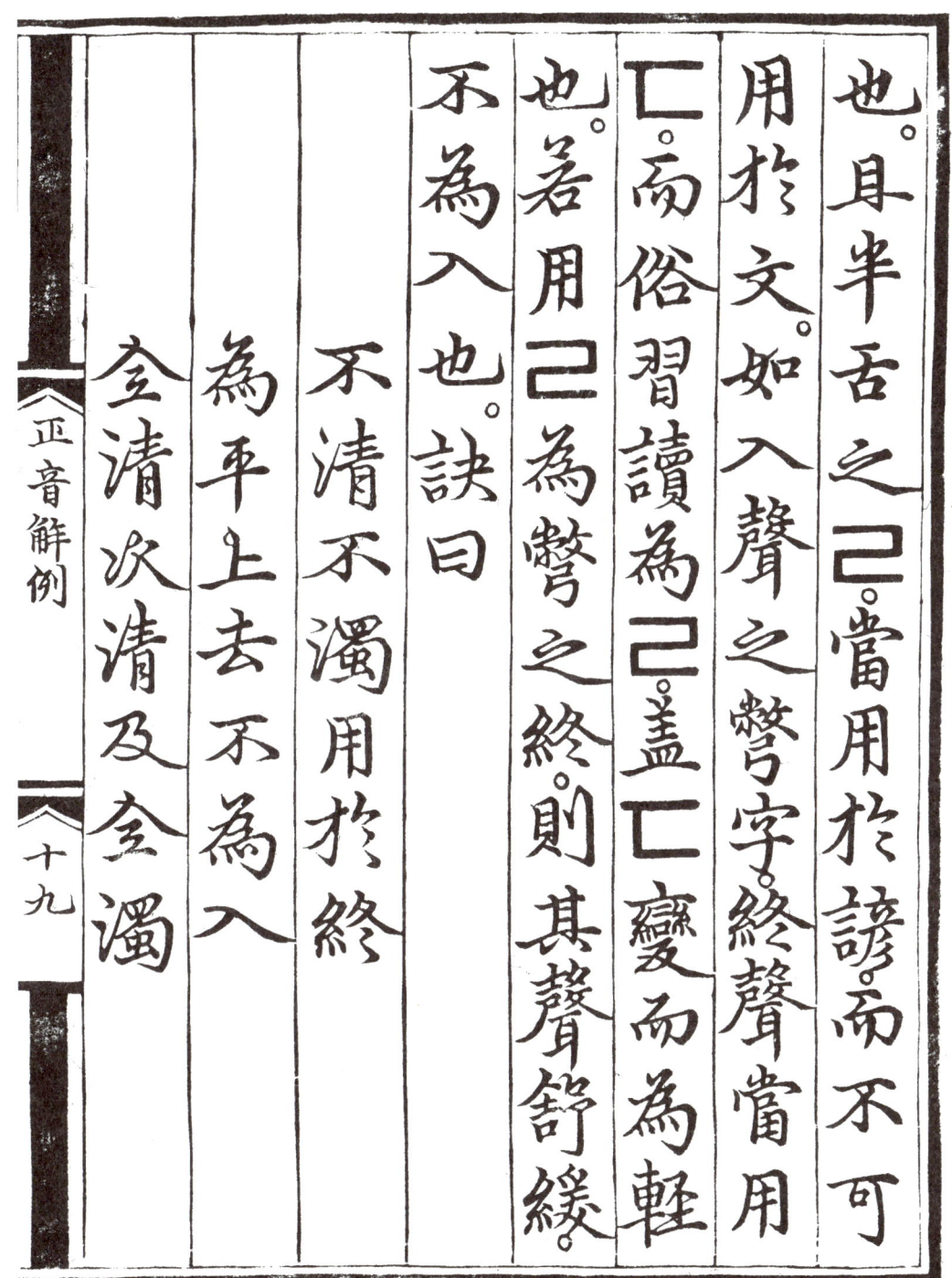

▲ 위 《해례본》의 한문은 이 책 47쪽에 쉽게 풀이해 놓았으니 참고하세요.

종성해(終聲解)

《훈민정음》에서 종성(끝소리)의 개념과 운용 방법, 소리의 완급 등에 대해서 풀이하고 있어요.

> 《正音解例》
>
> 中聲可得成音也。ㄷ如볃為彆。ㄴ
> 如군為君。ㅂ如업為業。ㅁ如땀為
> 覃。ㅅ如諺語ㅅ為衣。ㄹ如諺語실
> 為絲之類。五音之緩急。亦各自為
> 對。如牙之ㆁ與ㄱ為對。而ㆁ促呼
> 則變為ㄱ而急ㄱ舒出則變為ㆁ
> 而緩。舌之ㄴㄷ脣之ㅁㅂ。齒之△
> ㅅ喉之ㅇㆆ。其緩急相對。亦猶是
>
> 《十八》

▲ 위《해례본》의 한문은 이 책 46~47쪽에 쉽게 풀이해 놓았으니 참고하세요.

종성해(終聲解)

《훈민정음》에서 종성(끝소리)의 개념과 운용 방법, 소리의 완급 등에 대해서 풀이하고 있어요.

> 終則宜於平上去。全清次清全濁
> 之字其聲為厲。故用於終則宜於
> 入。所以ㅇㄴㅁㅇㄹ△六字為平
> 上去聲之終。而餘皆為入聲之終
> 也。然ㄱㅇㄷㄴㅂㅁㅅㄹ八字可
> 足用也。如빗곶為梨花영의갗為
> 狐皮。而ㅅ字可以通用故只用ㅅ
> 字。且ㅇ聲淡而虛。不必用於終。而

《正音解例》〈十八〉

▲ 위 《해례본》의 한문은 이 책 45~46쪽에 쉽게 풀이해 놓았으니 참고하세요.

종성해(終聲解)

《훈민정음》에서 종성(끝소리)의 개념과 운용 방법, 소리의 완급 등에 대해서 풀이하고 있어요.

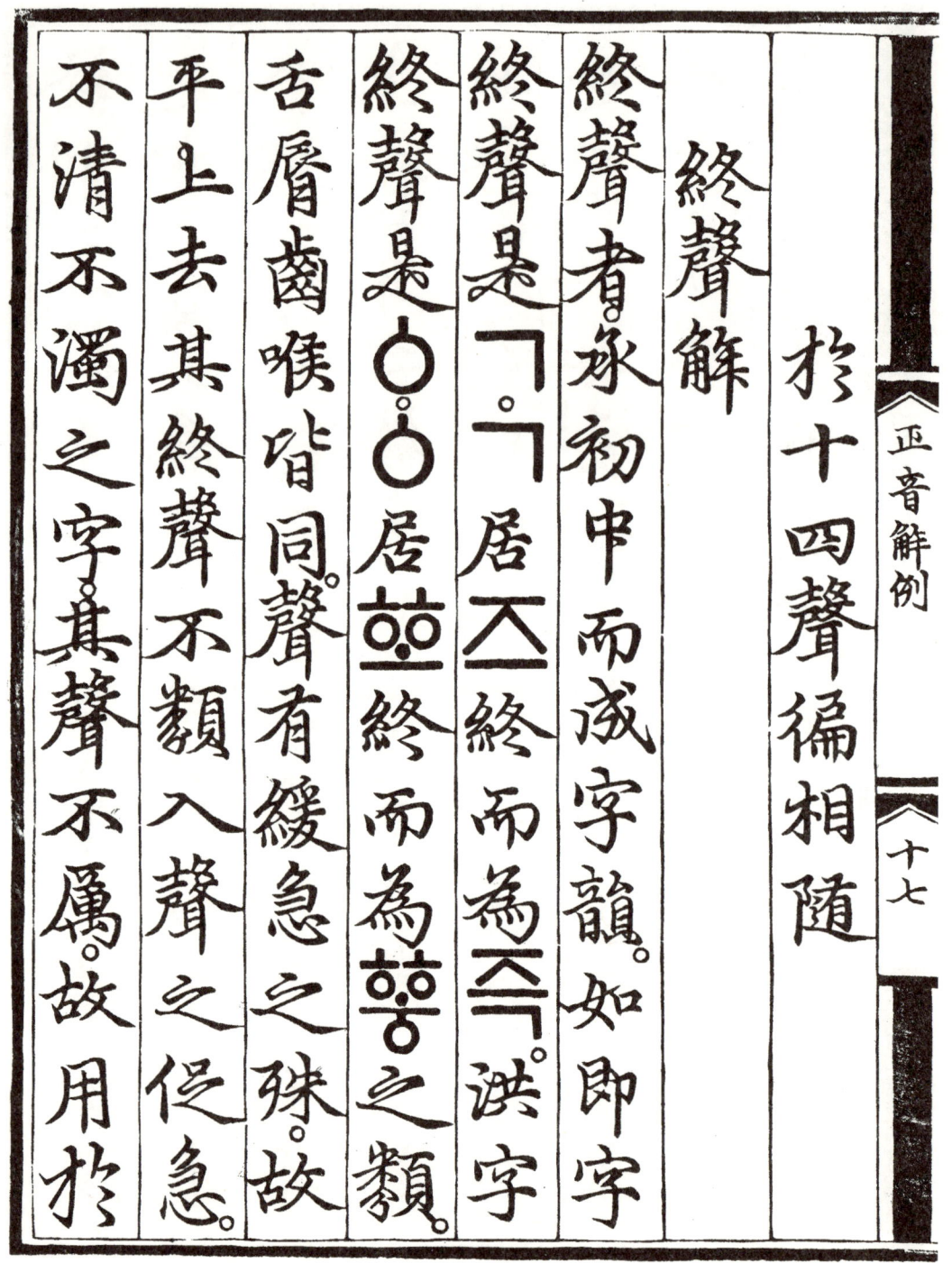

▲ 위《해례본》의 한문은 이 책 44~45쪽에 쉽게 풀이해 놓았으니 참고하세요.

🟦 중성해(中聲解)

《훈민정음》에서 중성(가운뎃소리)의 특성과 초성이
초성, 종성과 어울려 음절을 이루는 방법 등에 대해서 풀이하고 있어요.

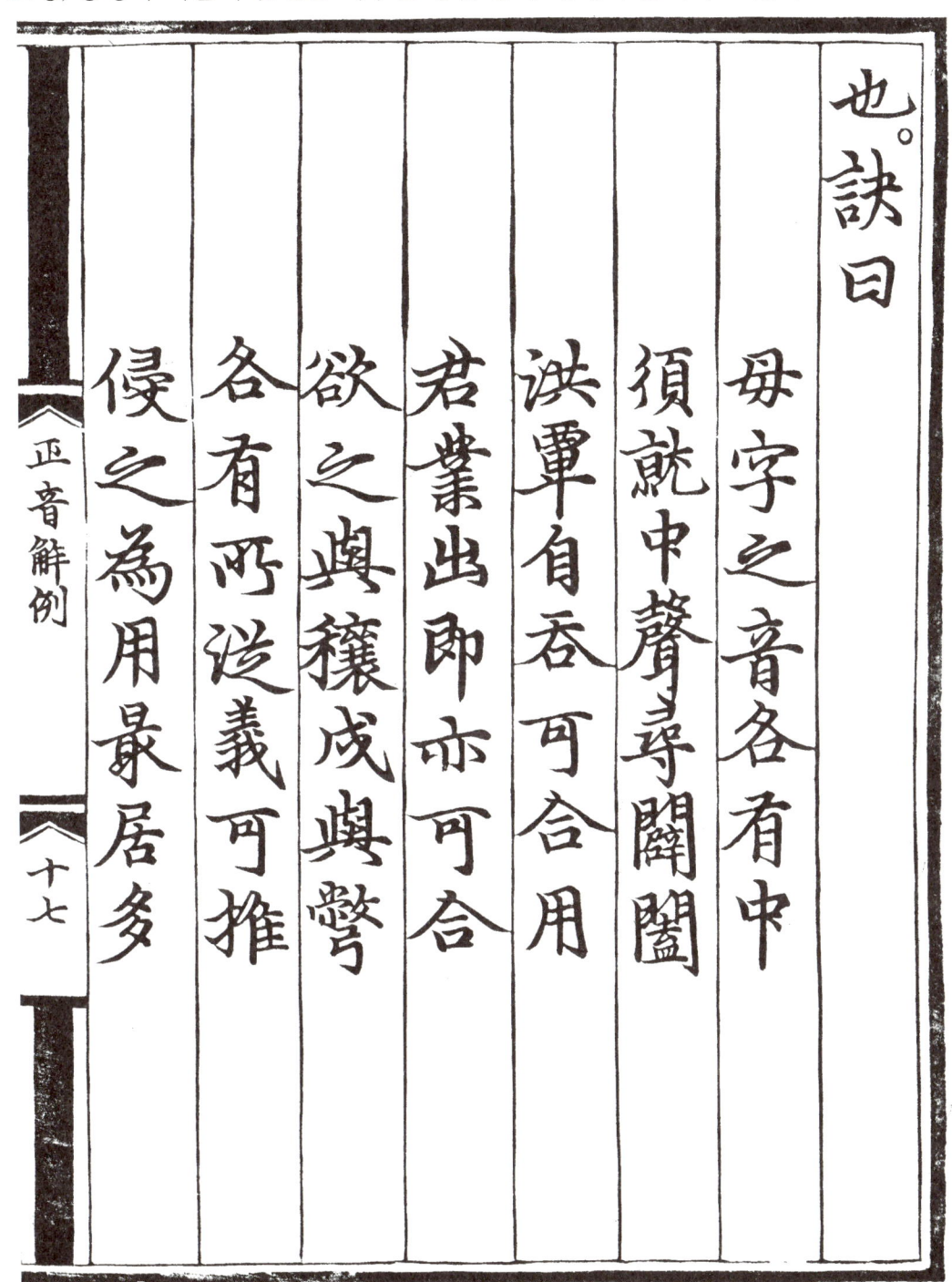

▲ 위 《해례본》의 한문은 이 책 44쪽에 쉽게 풀이해 놓았으니 참고하세요.

중성해(中聲解)

《훈민정음》에서 중성(가운뎃소리)의 특성과 초성이
초성, 종성과 어울려 음절을 이루는 방법 등에 대해서 풀이하고 있어요.

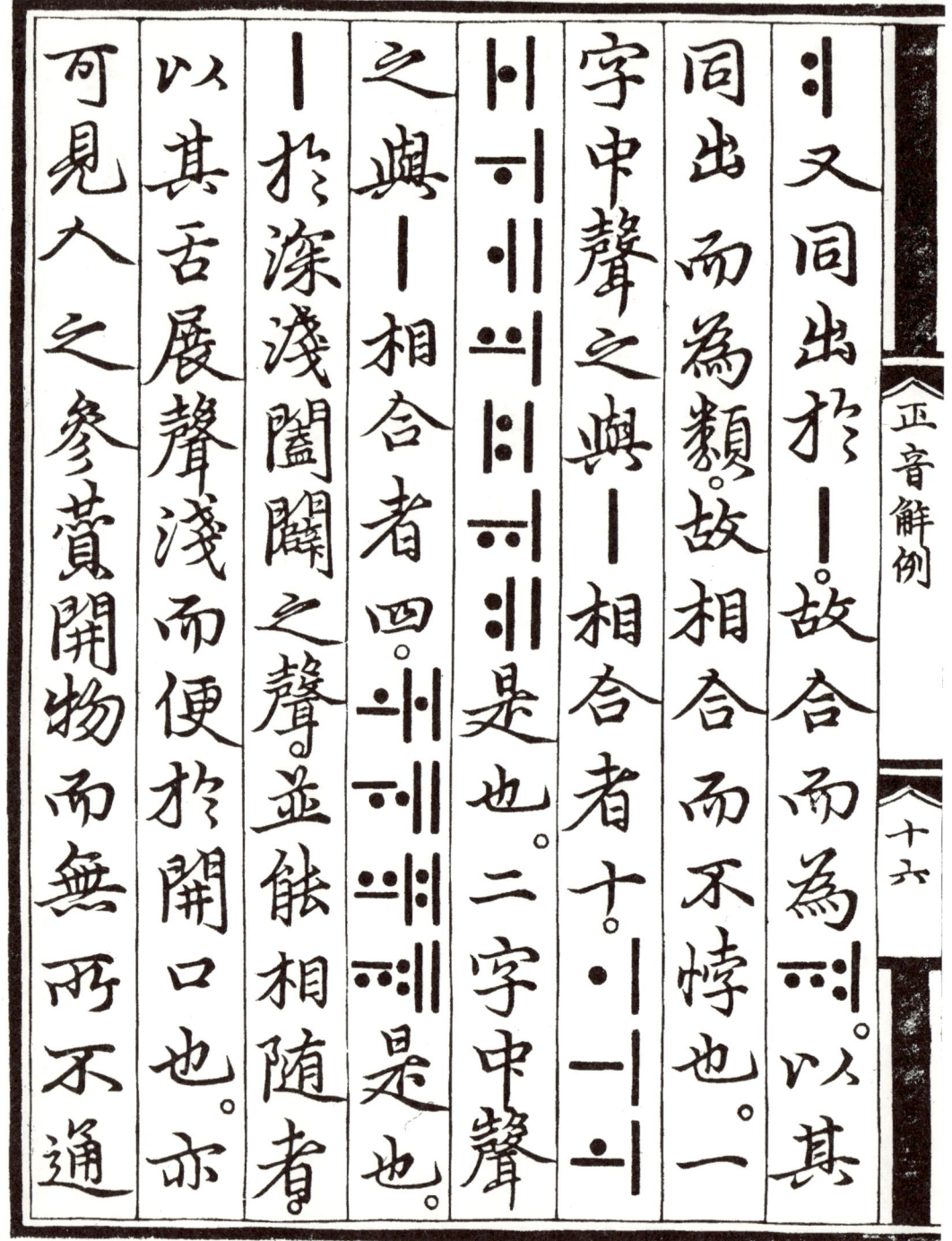

▲ 위 《해례본》의 한문은 이 책 43~44쪽에 쉽게 풀이해 놓았으니 참고하세요.

🟪 중성해(中聲解)

《훈민정음》에서 중성(가운뎃소리)의 특성과 초성이
초성, 종성과 어울려 음절을 이루는 방법 등에 대해서 풀이하고 있어요.

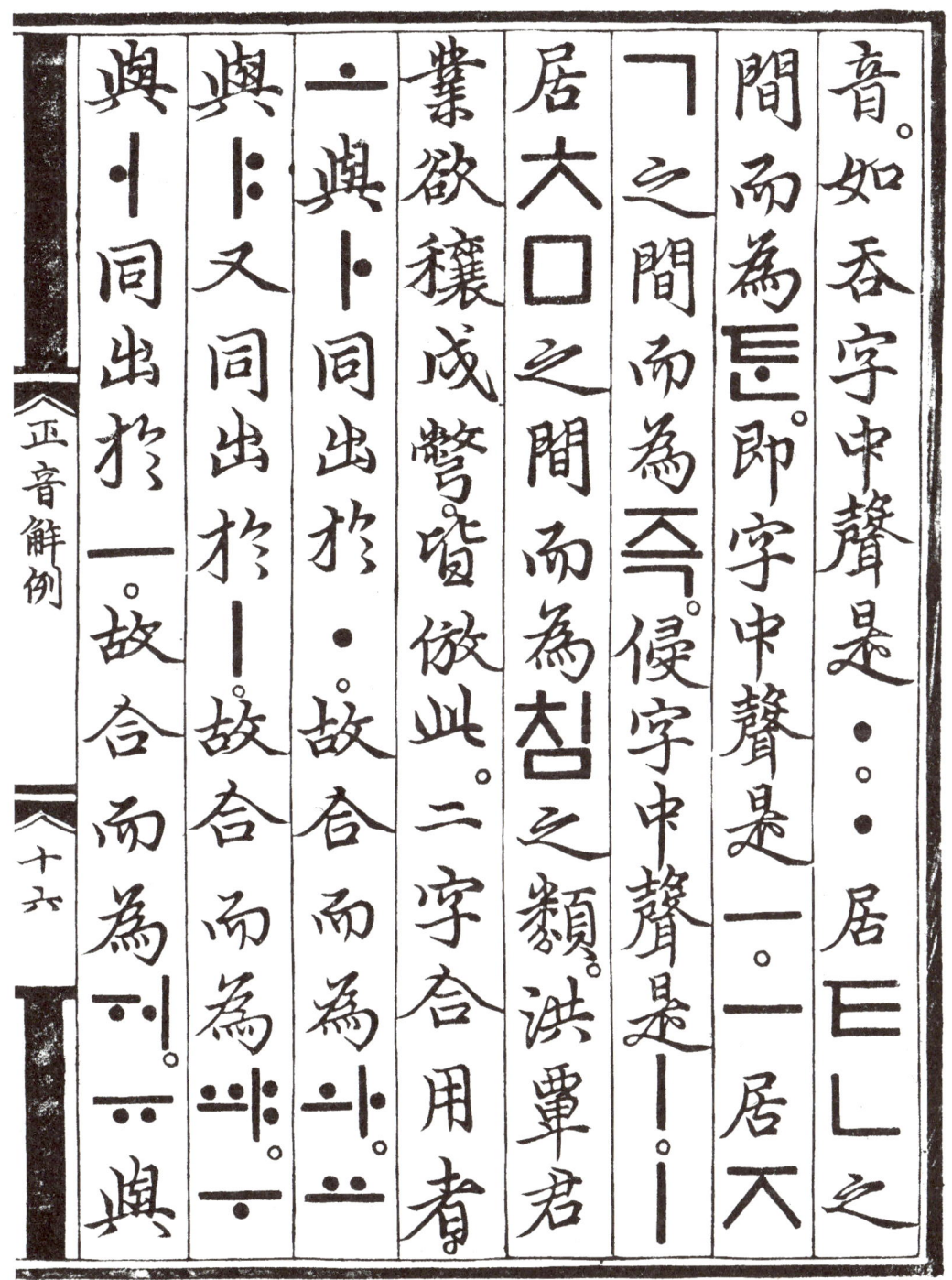

▲ 위《해례본》의 한문은 이 책 43쪽에 쉽게 풀이해 놓았으니 참고하세요.

▨ 초성해(初聲解) / 중성해(中聲解)

《훈민정음》에서 초성(첫소리)에 대해서 풀이하고 이어서 중성(가운뎃소리)에 대해서 설명하고 있어요.

中聲者居字韻之中合初終而成

中聲解

萬聲生生皆自此

二十三字是為母

閭為半舌穰半齒

挹虛洪欲迺喉聲

齒有即侵慈戌邪

彆漂步彌則是脣

《正音解例》〈十五〉

▲ 위《해례본》의 한문은 이 책 42~43쪽에 쉽게 풀이해 놓았으니 참고하세요.

초성해(初聲解)

《훈민정음》에서 초성(첫소리)의 특성과 초성이 중성, 종성과 어울려 음절을 이루는 방법 등에 대해서 풀이하고 있어요.

是ㅋ⚬與ㅙ而爲쾌ㅽ字初聲是⚬
ㄲ與ㅡ而爲ㅥ業字初聲是⚬
⚬與ㅛ而爲업之顙舌之斗呑覃
那脣之彆漂步彌齒之即侵慈戌
邪喉之挹虛洪欲半舌半齒之閭
穰閭倣此。訣曰
　君快虯業其聲牙
　舌聲斗呑及覃那

《正音解例》《十五》

▲ 위《해례본》의 한문은 이 책 41~42쪽에 쉽게 풀이해 놓았으니 참고하세요.

🟪 초성해(初聲解)

《훈민정음》에서 초성(첫소리)의 특성과 초성이 중성, 종성과 어울려 음절을 이루는 방법 등에 대해서 풀이하고 있어요.

> 《正音解例》〈十四〉
>
> 正音之字只廿八
> 探晴錯綜竆深幾
> 指遠言近牖民易
> 天授何曾智巧爲
>
> 初聲解
>
> 正音初聲即韻書之字母也。聲音由此而生。故曰母。如牙音君字初聲是ㄱ。ㄱ與ㅜㄴ而爲군。快字初聲

▲ 위《해례본》의 한문은 이 책 40~41쪽에 쉽게 풀이해 놓았으니 참고하세요.

🟪 제자해(制字解)

《훈민정음》을 만든 원리와 기준, 자음과 모음체계에 대해서 풀이하고 있어요.

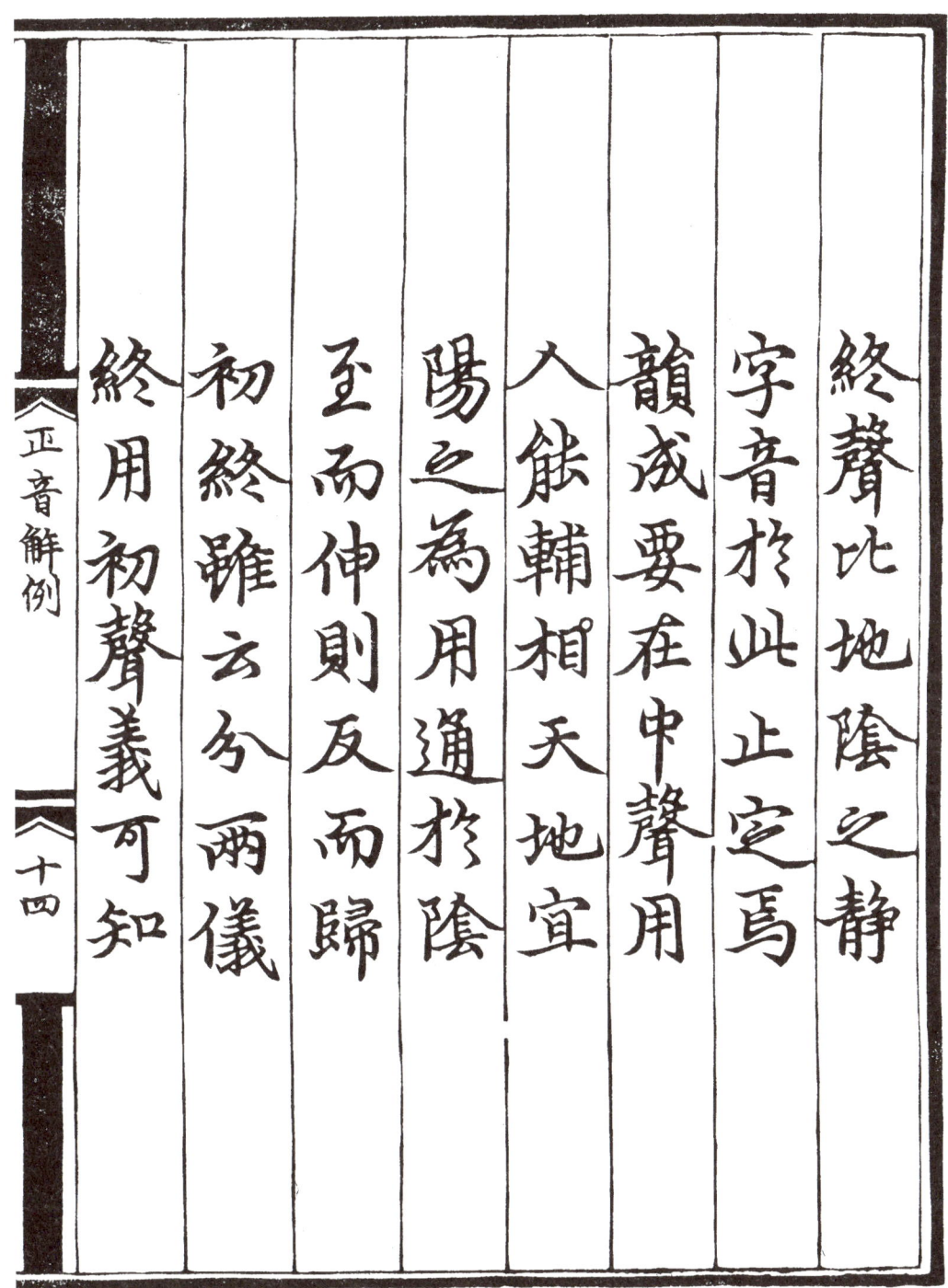

▲ 위《해례본》의 한문은 이 책 40쪽에 쉽게 풀이해 놓았으니 참고하세요.

제자해(制字解)

《훈민정음》을 만든 원리와 기준, 자음과 모음체계에 대해서 풀이하고 있어요.

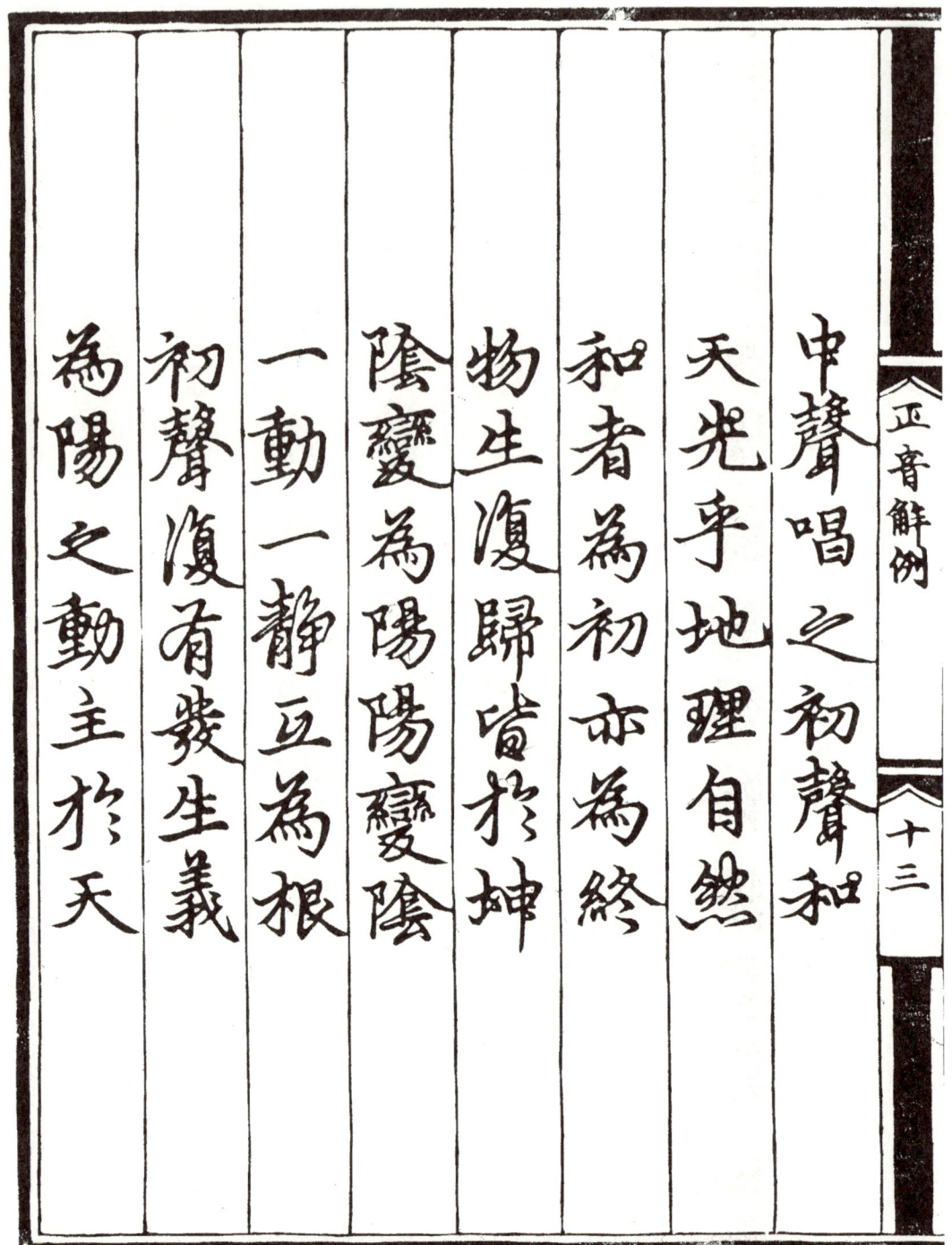

▲ 위 《해례본》의 한문은 이 책 39~40쪽에 쉽게 풀이해 놓았으니 참고하세요.

🔲 제자해(制字解)

《훈민정음》을 만든 원리와 기준, 자음과 모음체계에 대해서 풀이하고 있어요.

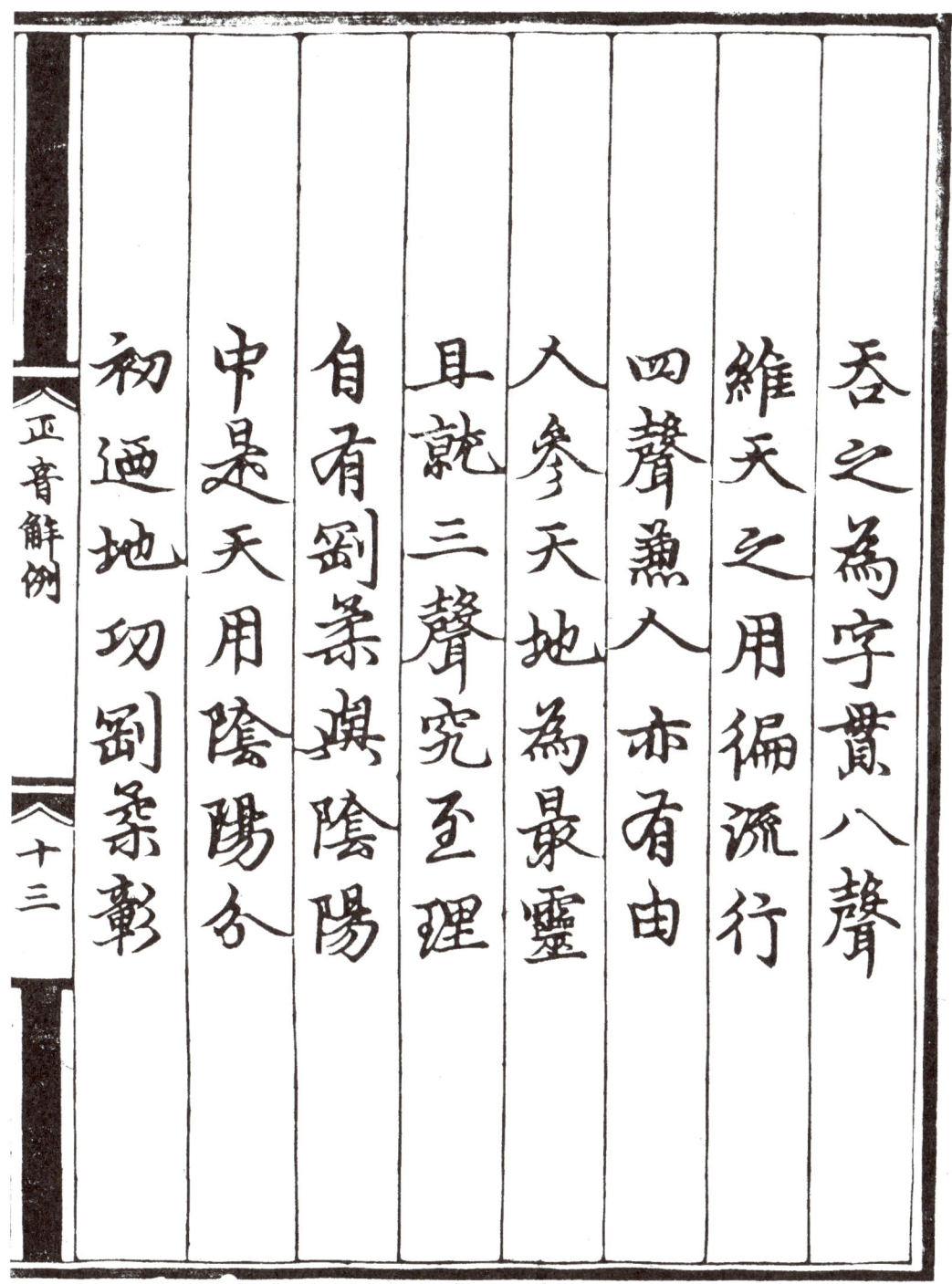

▲ 위《해례본》의 한문은 이 책 39쪽에 쉽게 풀이해 놓았으니 참고하세요.

제자해(制字解)

《훈민정음》을 만든 원리와 기준, 자음과 모음체계에 대해서 풀이하고 있어요.

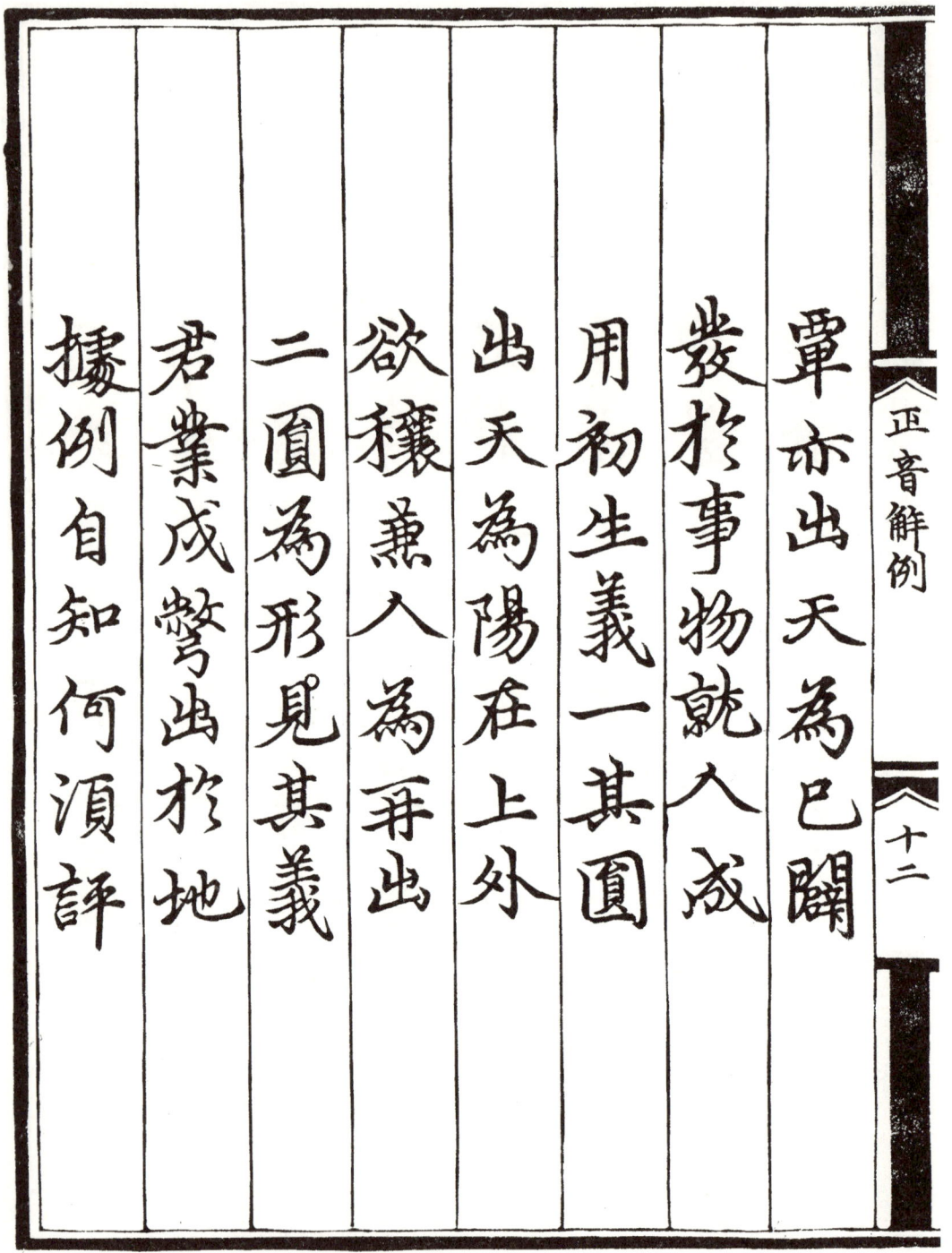

▲ 위《해례본》의 한문은 이 책 39쪽에 쉽게 풀이해 놓았으니 참고하세요.

제자해(制字解)

《훈민정음》을 만든 원리와 기준, 자음과 모음체계에 대해서 풀이하고 있어요.

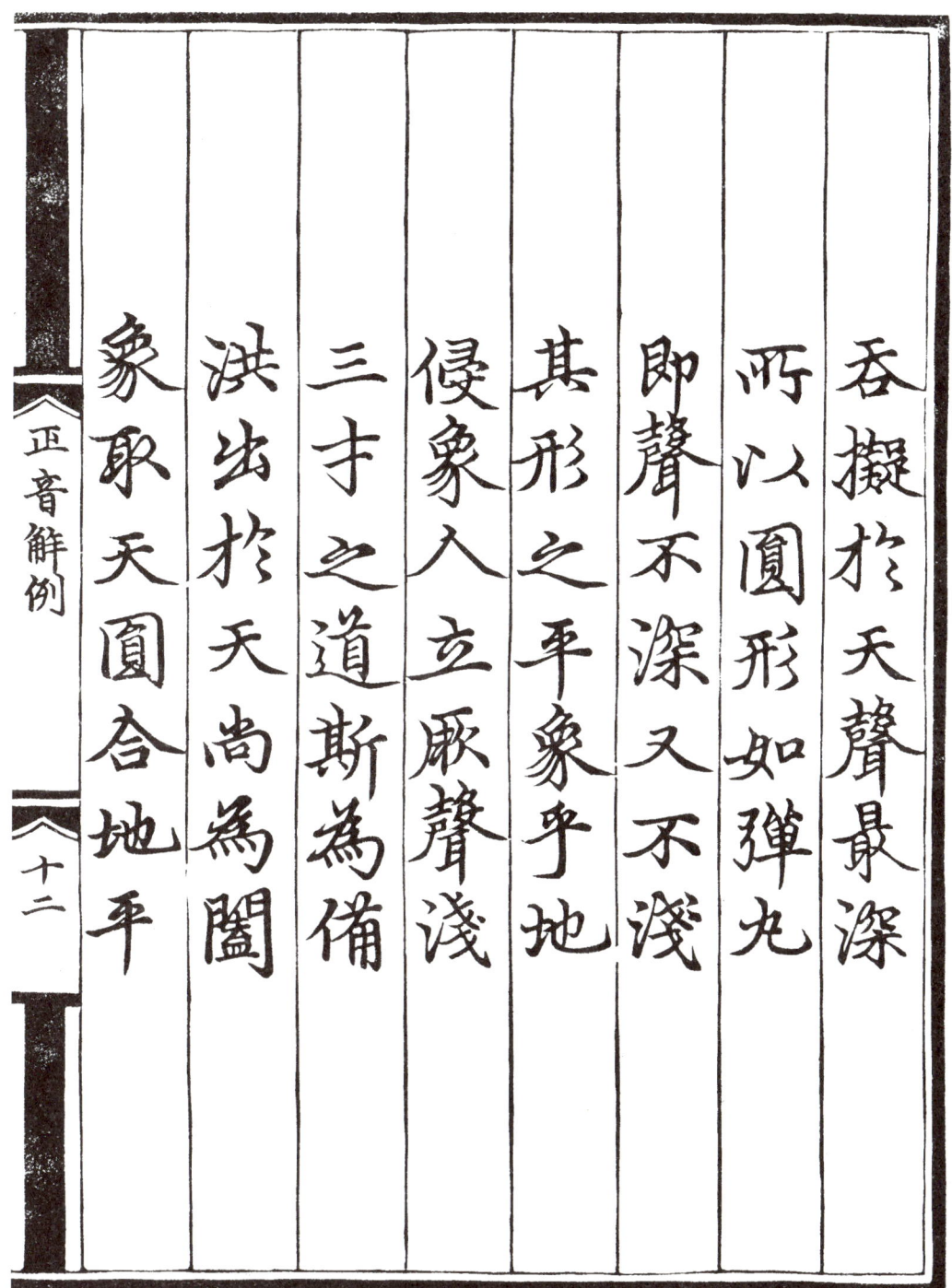

▲ 위《해례본》의 한문은 이 책 38~39쪽에 쉽게 풀이해 놓았으니 참고하세요.

제자해(制字解)

《훈민정음》을 만든 원리와 기준, 자음과 모음체계에 대해서 풀이하고 있어요.

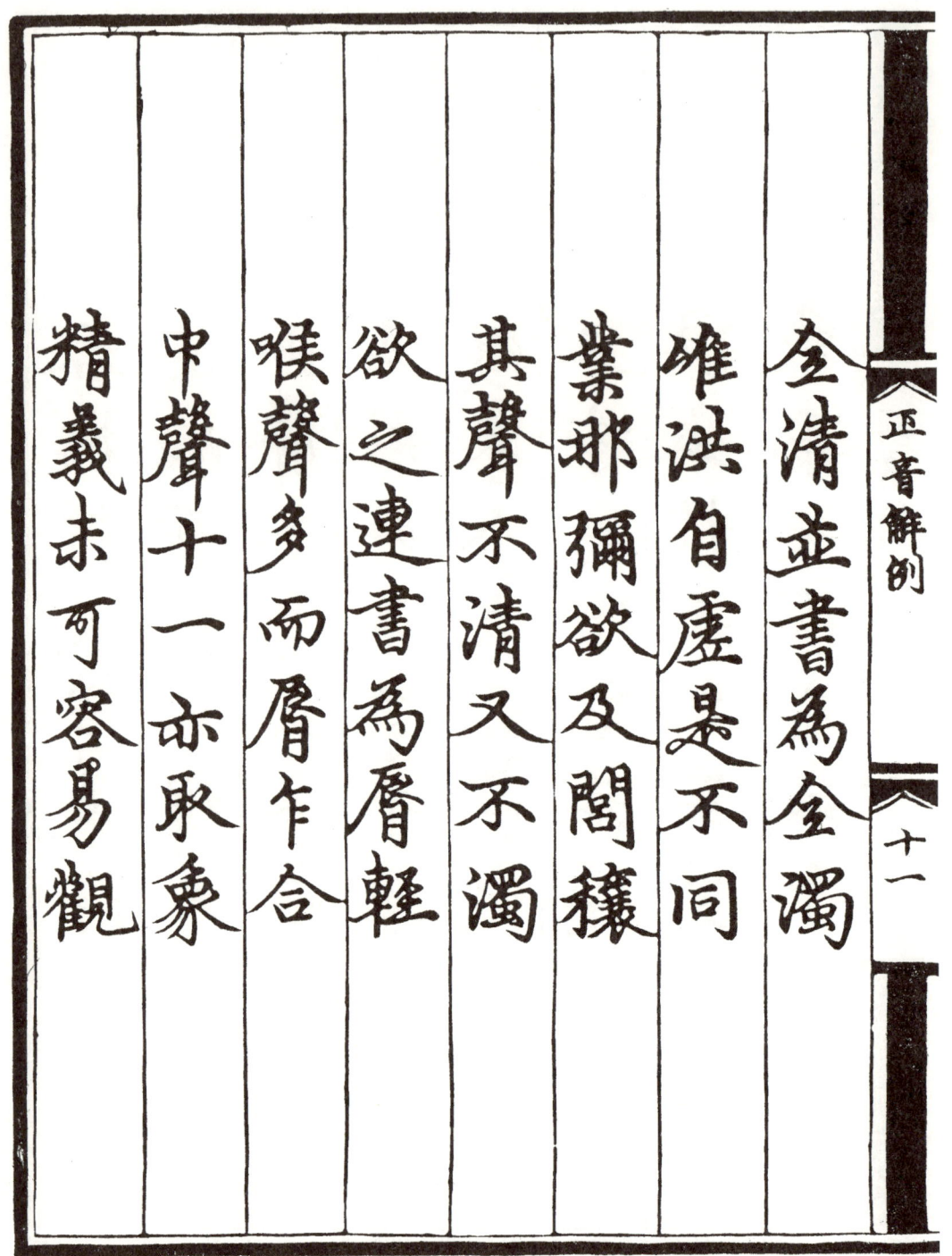

▲ 위《해례본》의 한문은 이 책 38쪽에 쉽게 풀이해 놓았으니 참고하세요.

🟪 제자해(制字解)

《훈민정음》을 만든 원리와 기준, 자음과 모음체계에
대해서 풀이하고 있어요.

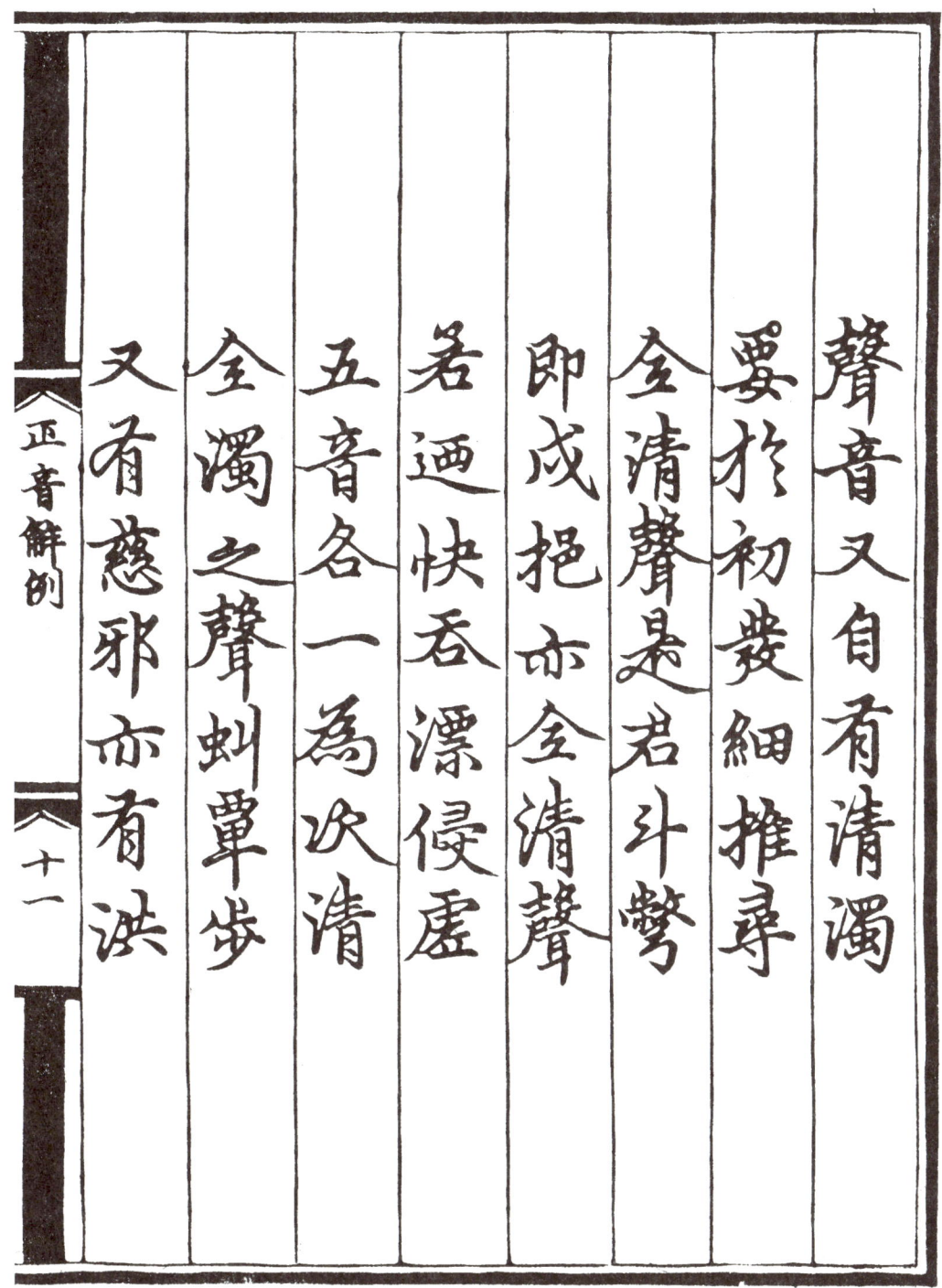

▲ 위 《해례본》의 한문은 이 책 38쪽에 쉽게 풀이해 놓았으니 참고하세요.

제자해(制字解)

《훈민정음》을 만든 원리와 기준, 자음과 모음체계에 대해서 풀이하고 있어요.

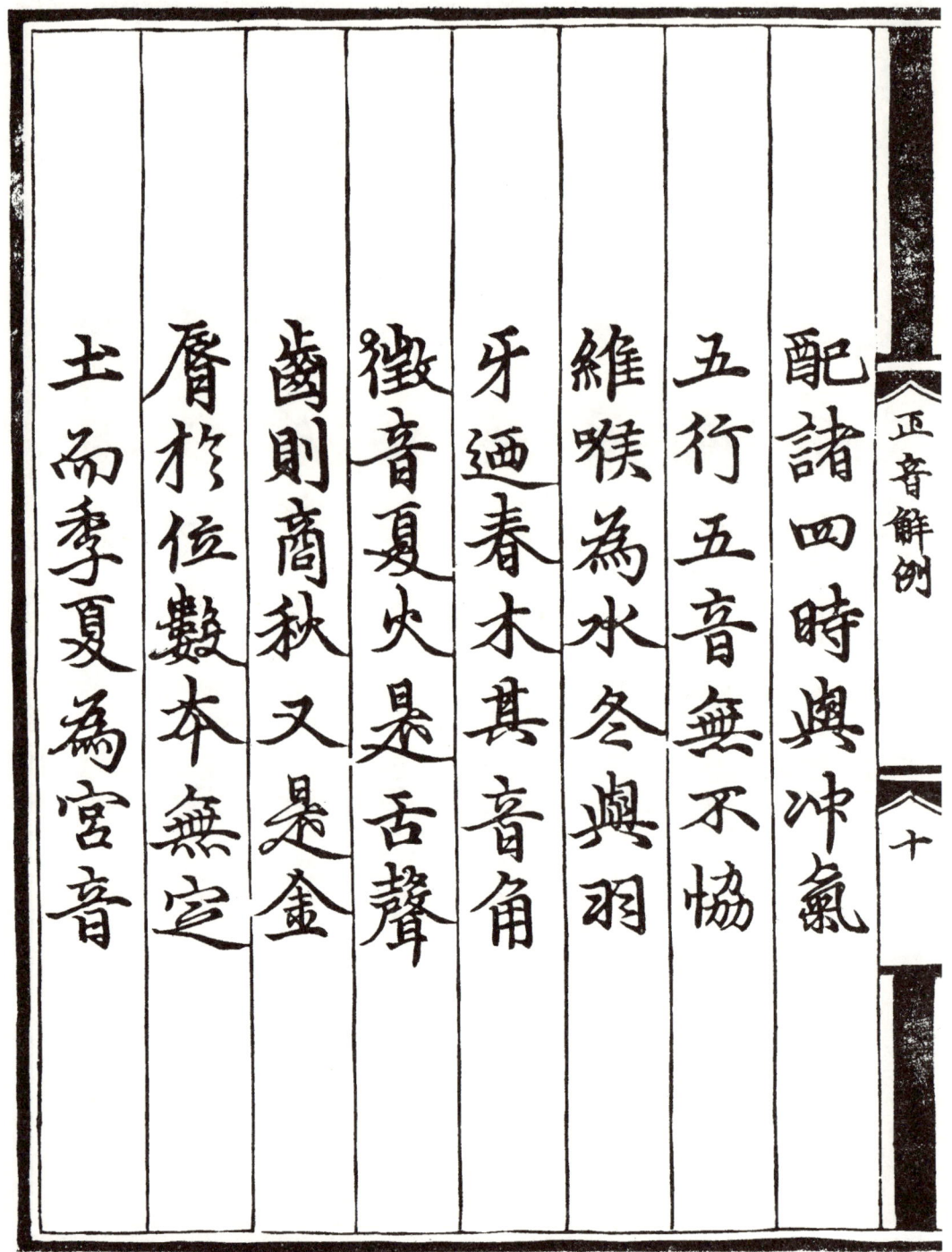

▲ 위 《해례본》의 한문은 이 책 38쪽에 쉽게 풀이해 놓았으니 참고하세요.

제자해(制字解)

《훈민정음》을 만든 원리와 기준, 자음과 모음체계에 대해서 풀이하고 있어요.

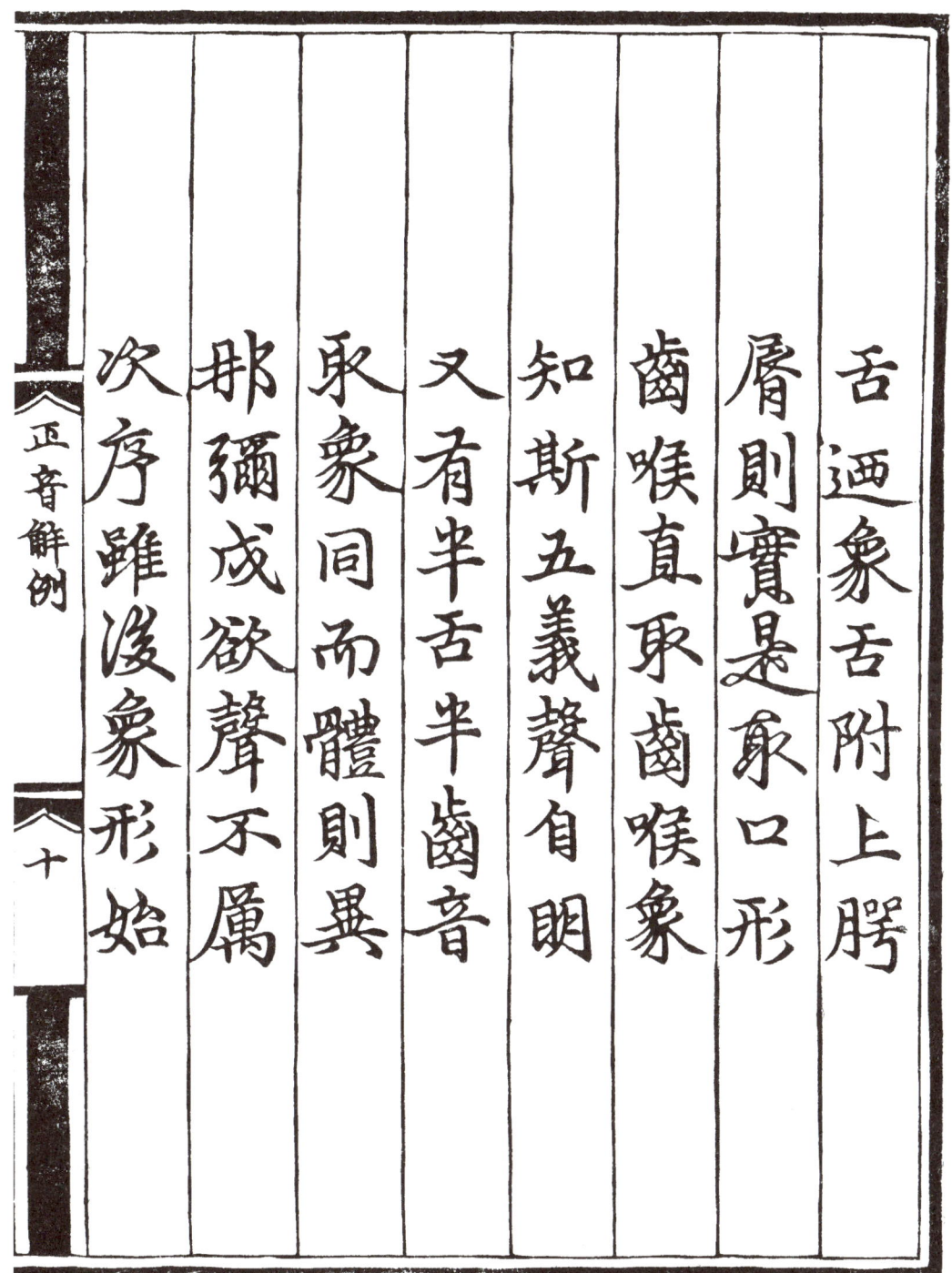

▲ 위 《해례본》의 한문은 이 책 37쪽에 쉽게 풀이해 놓았으니 참고하세요.

▨ 제자해(制字解)

《훈민정음》을 만든 원리와 기준, 자음과 모음체계에 대해서 풀이하고 있어요.

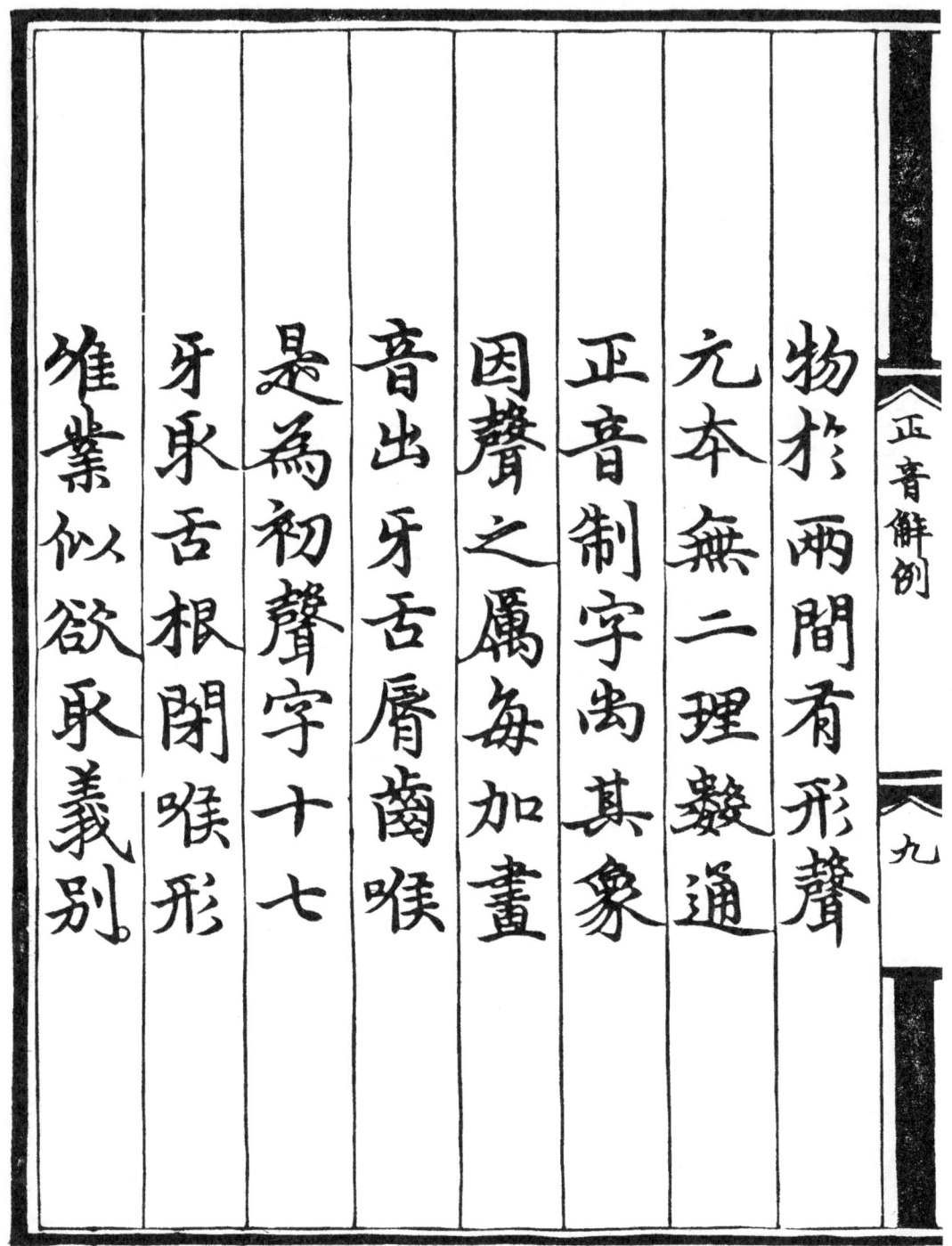

▲ 위《해례본》의 한문은 이 책 37쪽에 쉽게 풀이해 놓았으니 참고하세요.

제자해(制字解)

《훈민정음》을 만든 원리와 기준, 자음과 모음체계에 대해서 풀이하고 있어요.

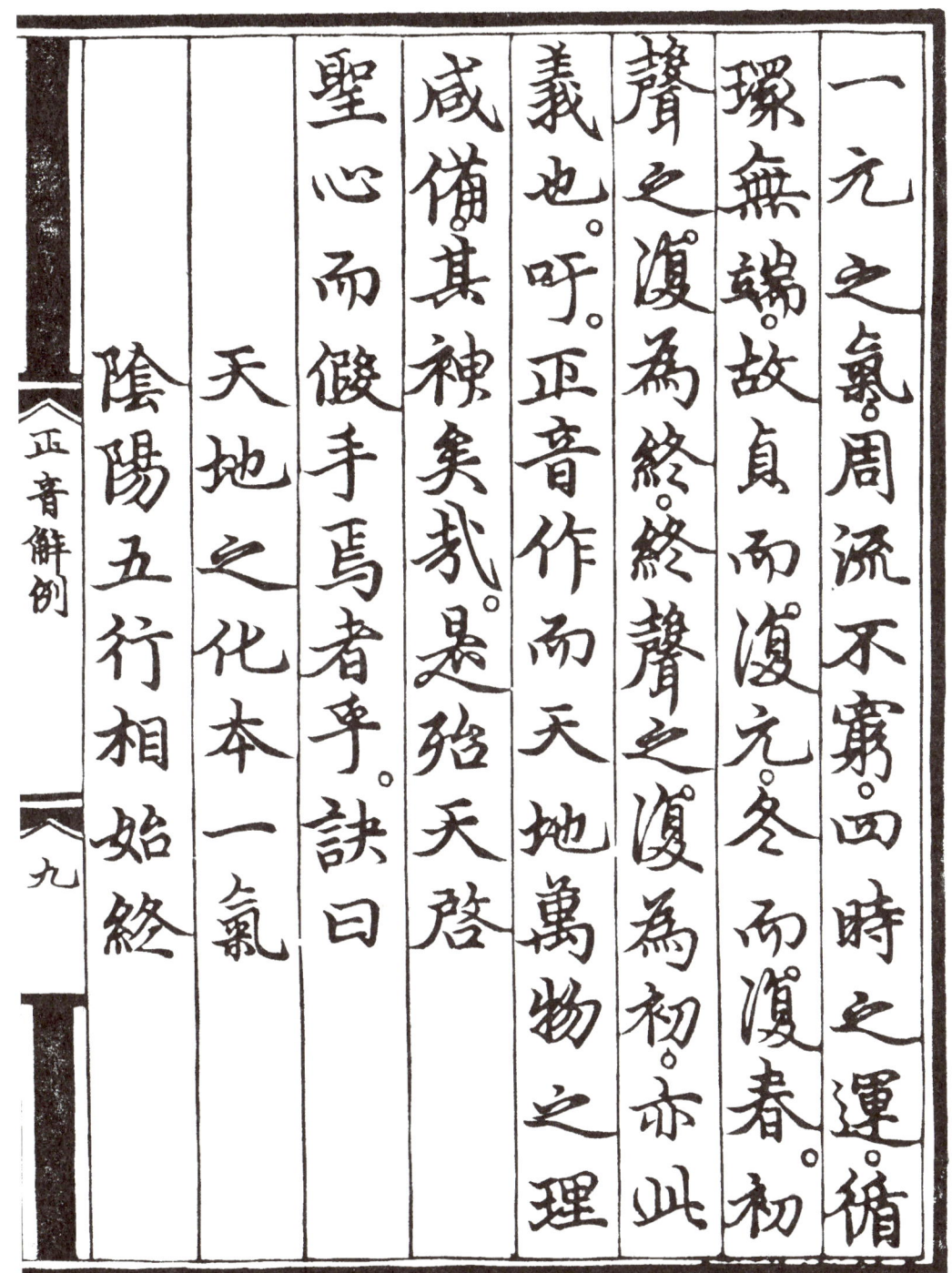

▲ 위 《해례본》의 한문은 이 책 36~37쪽에 쉽게 풀이해 놓았으니 참고하세요.

🟦 제자해(制字解)

《훈민정음》을 만든 원리와 기준, 자음과 모음체계에 대해서 풀이하고 있어요.

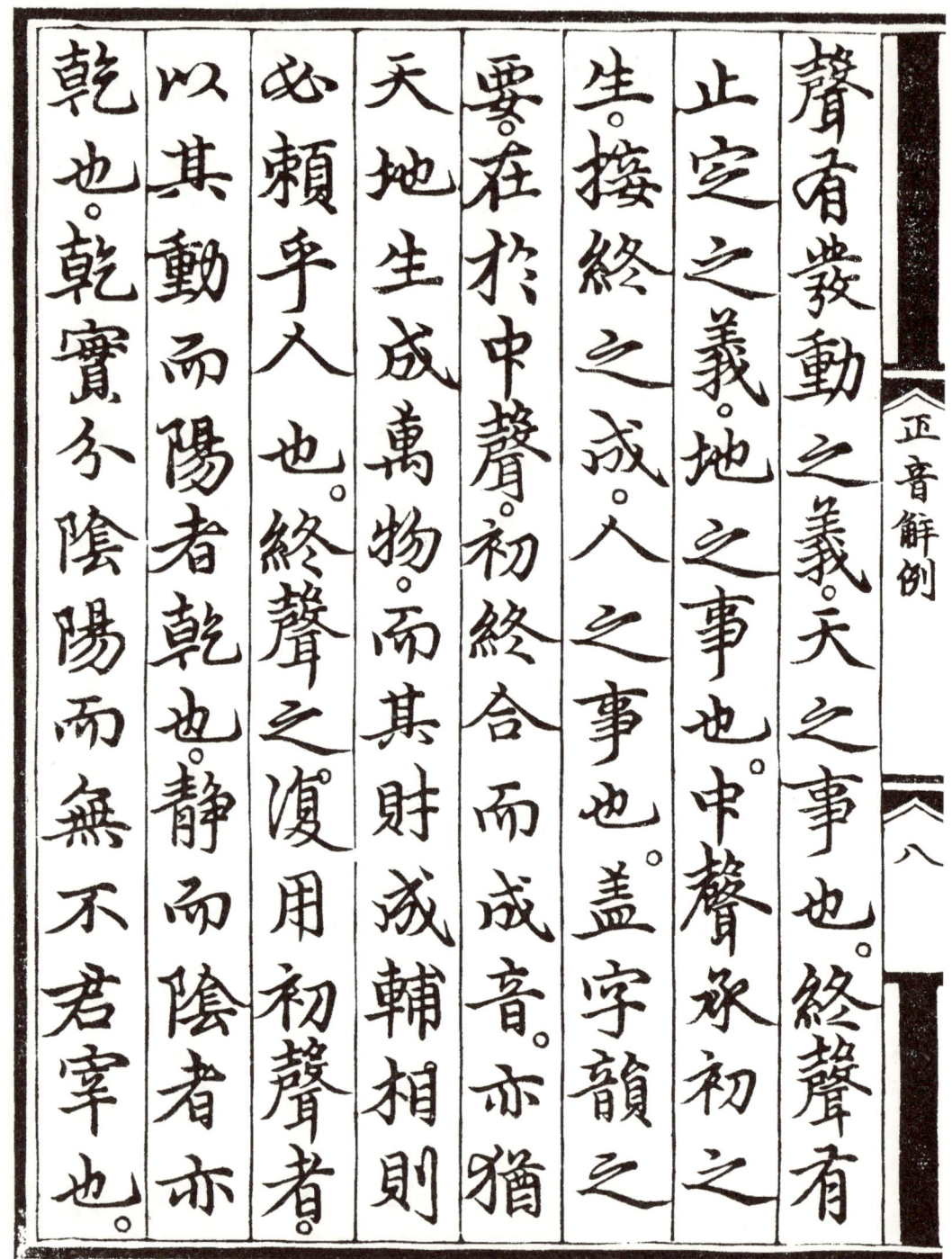

▲ 위 《해례본》의 한문은 이 책 36쪽에 쉽게 풀이해 놓았으니 참고하세요.

제자해(制字解)

《훈민정음》을 만든 원리와 기준, 자음과 모음체계에
대해서 풀이하고 있어요.

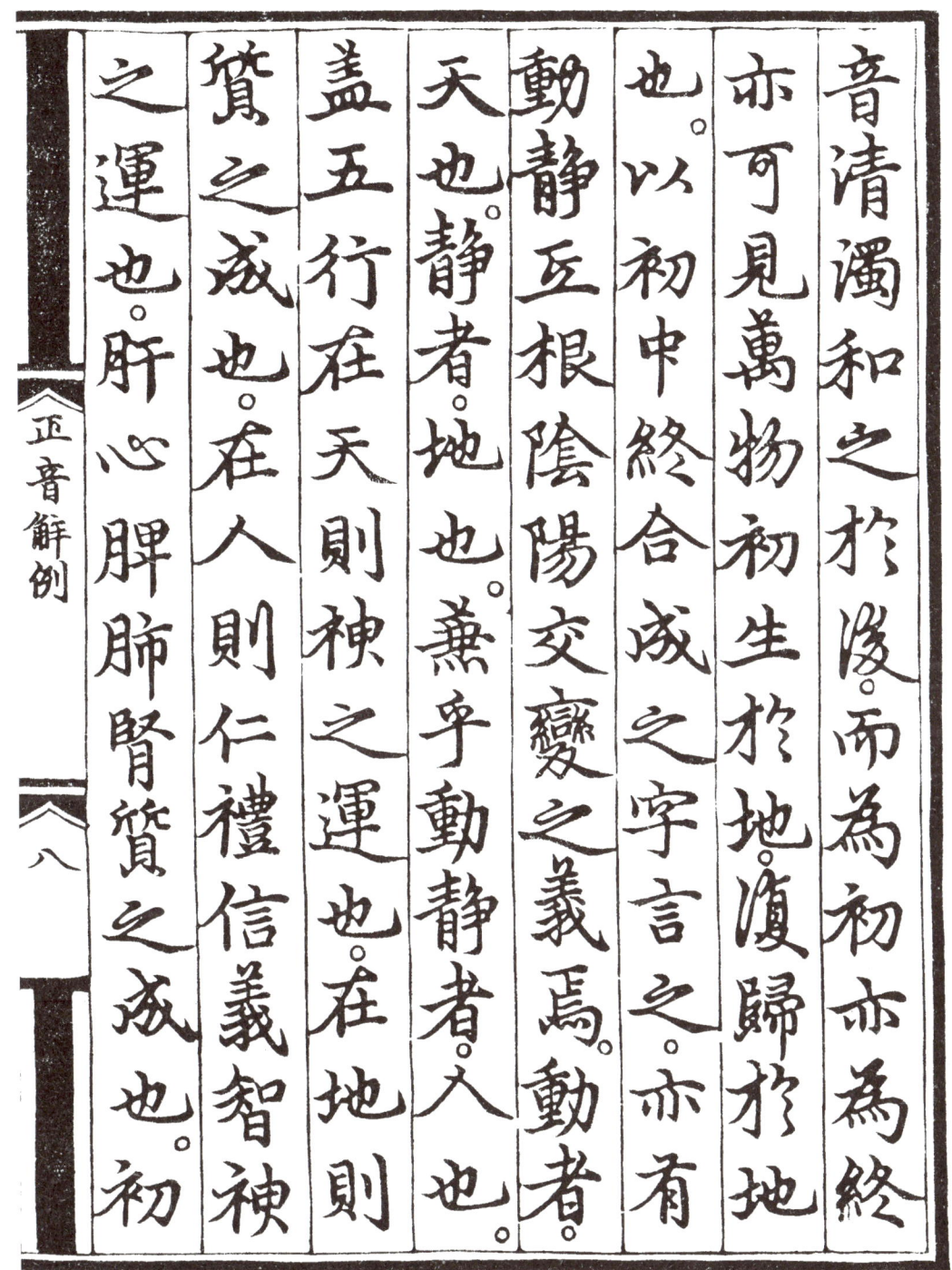

▲ 위 《해례본》의 한문은 이 책 36쪽에 쉽게 풀이해 놓았으니 참고하세요.

제자해(制字解)

《훈민정음》을 만든 원리와 기준, 자음과 모음체계에 대해서 풀이하고 있어요.

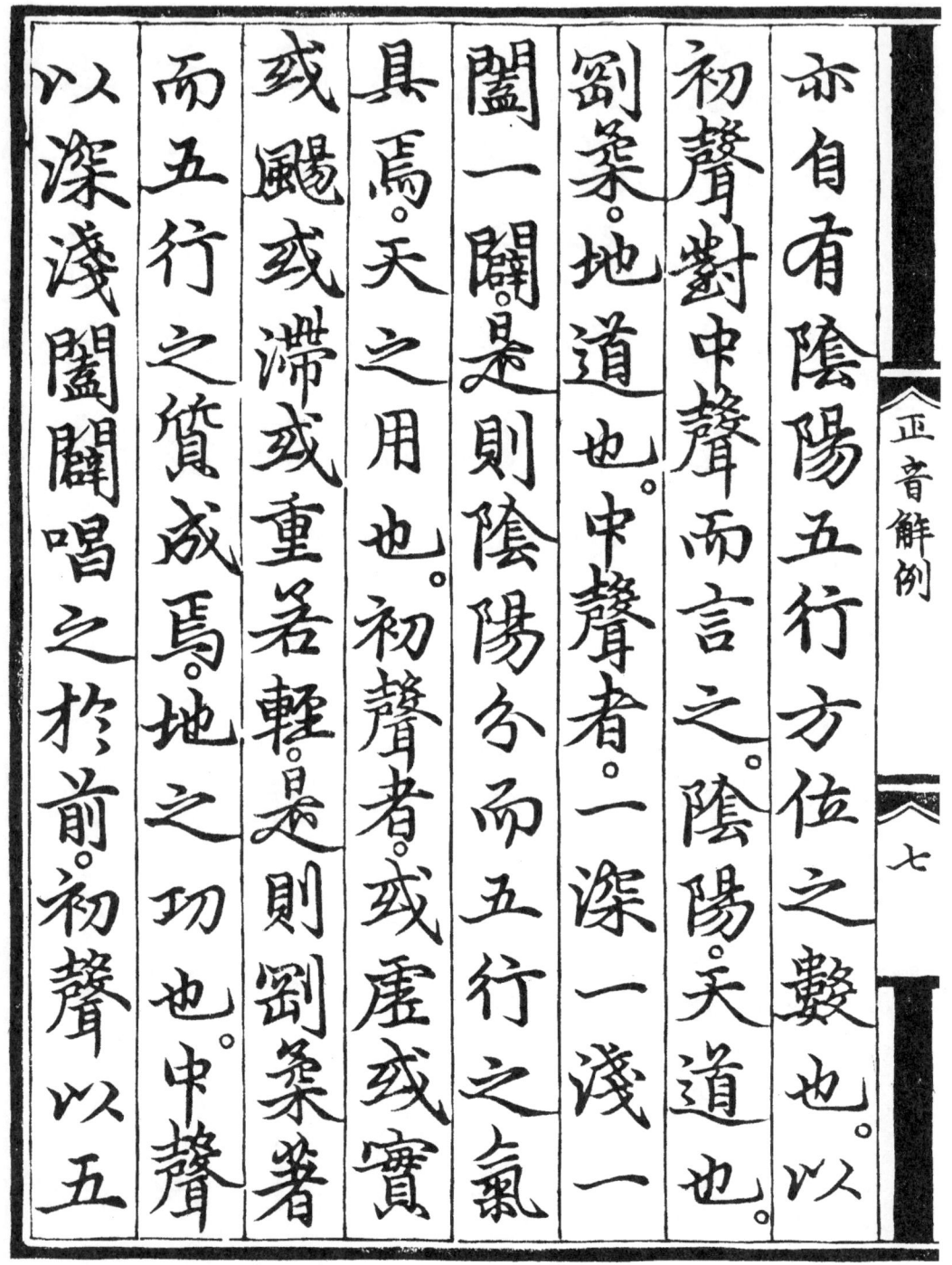

▲ 위《해례본》의 한문은 이 책 35쪽에 쉽게 풀이해 놓았으니 참고하세요.

제자해(制字解)

《훈민정음》을 만든 원리와 기준, 자음과 모음체계에 대해서 풀이하고 있어요.

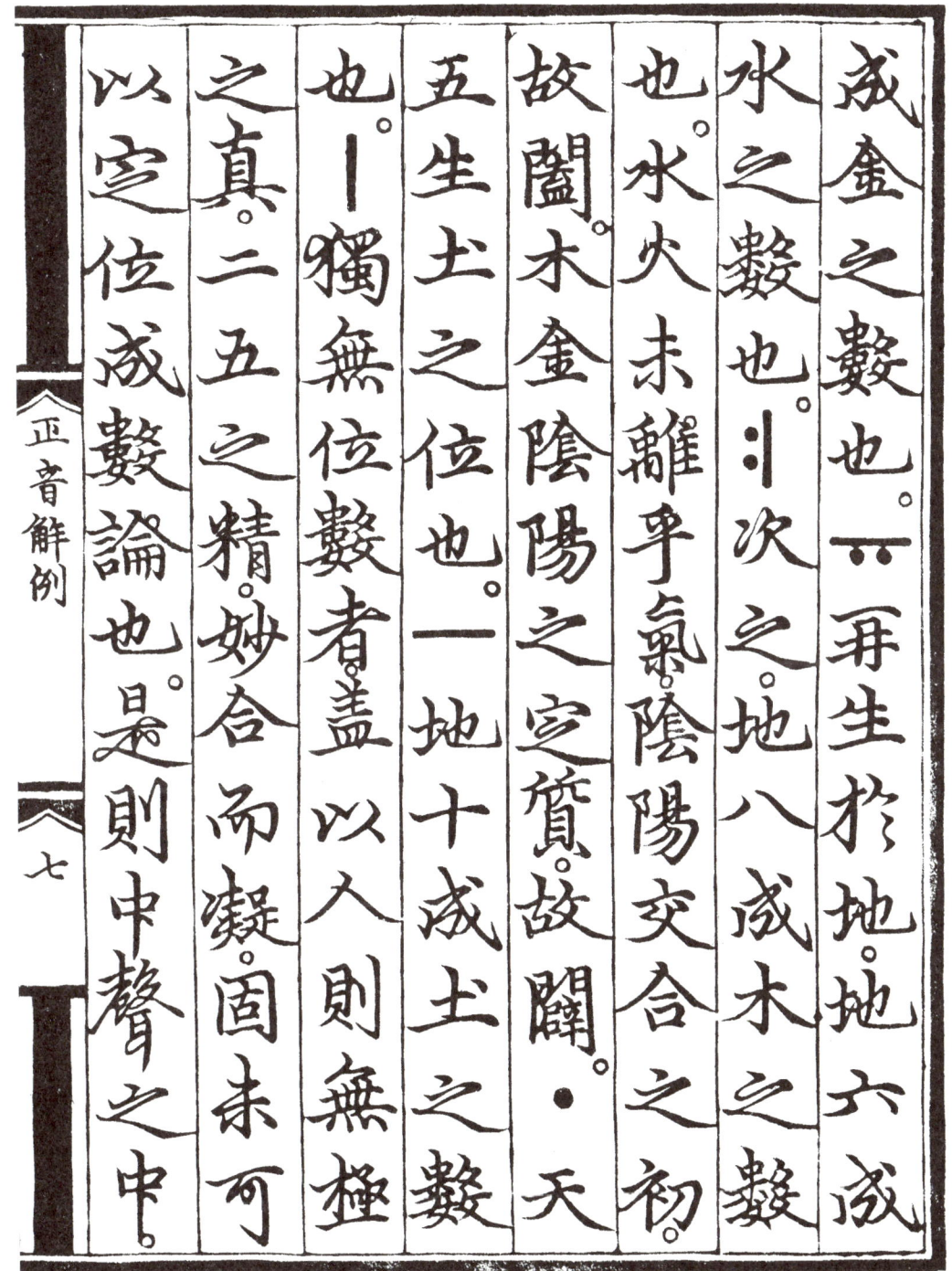

▲ 위 《해례본》의 한문은 이 책 34~35쪽에 쉽게 풀이해 놓았으니 참고하세요.

▦ 제자해(制字解)

《훈민정음》을 만든 원리와 기준, 자음과 모음체계에 대해서 풀이하고 있어요.

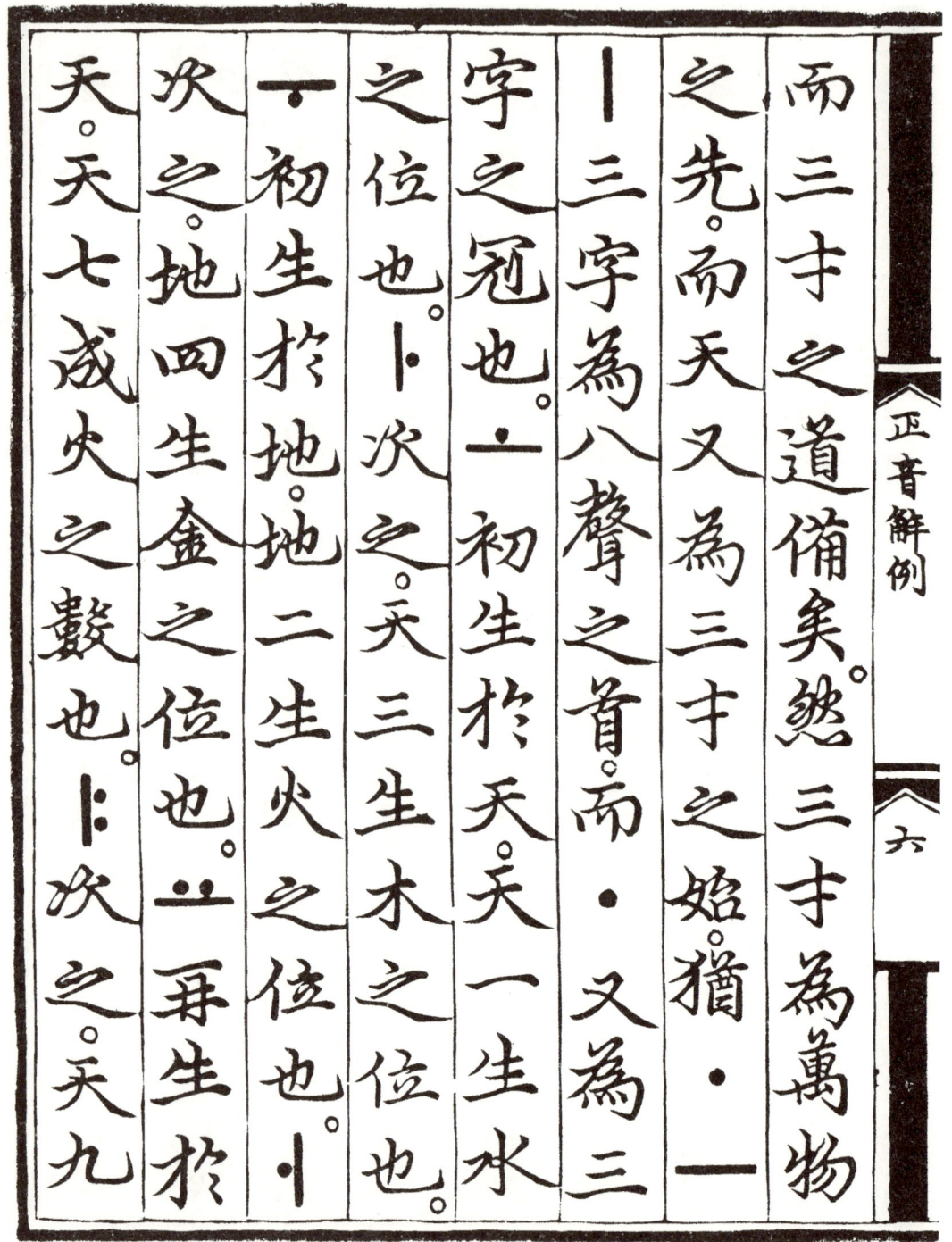

▲ 위《해례본》의 한문은 이 책 34쪽에 쉽게 풀이해 놓았으니 참고하세요.

제자해(制字解)

《훈민정음》을 만든 원리와 기준, 자음과 모음체계에 대해서 풀이하고 있어요.

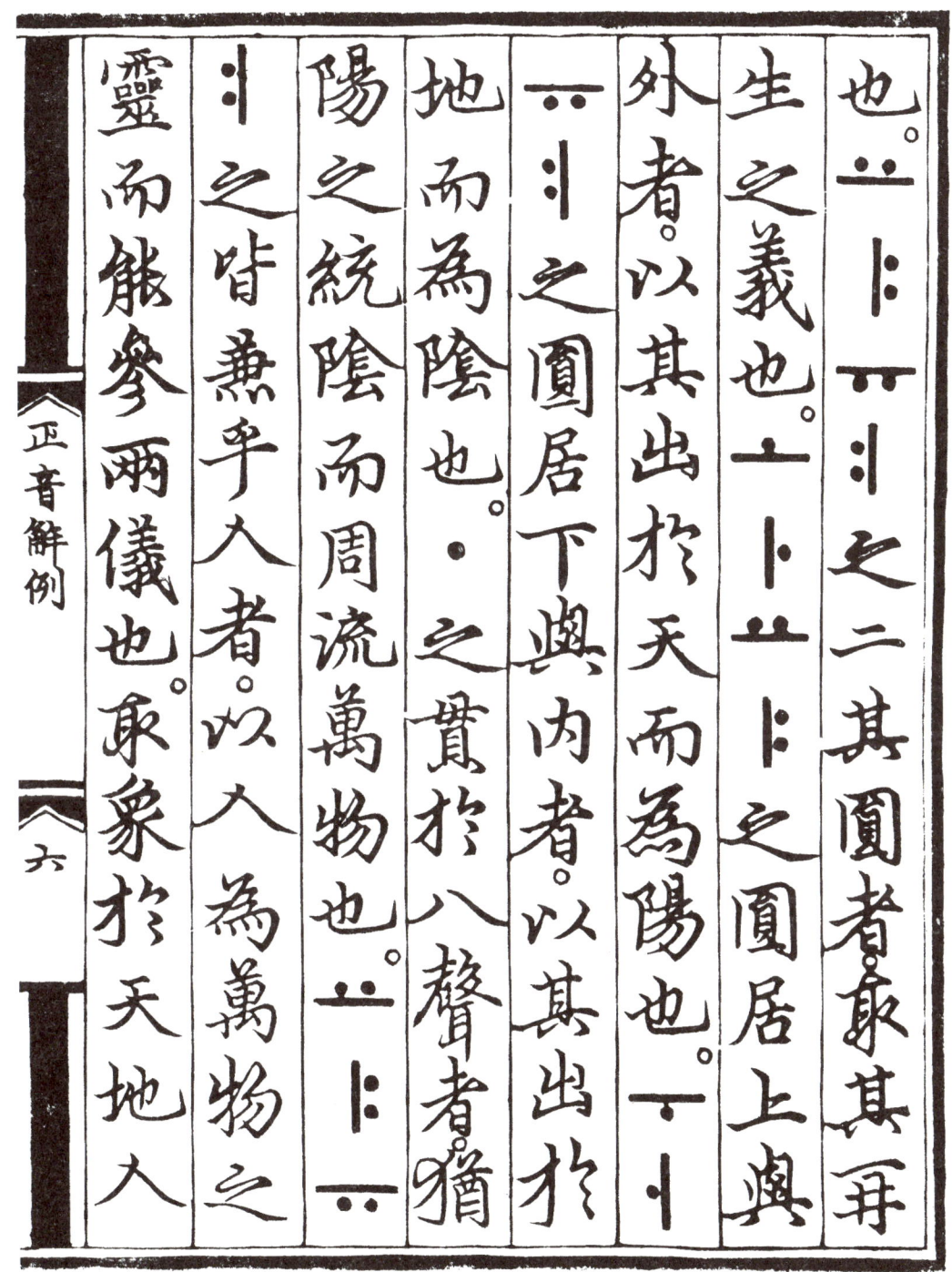

▲ 위《해례본》의 한문은 이 책 33~34쪽에 쉽게 풀이해 놓았으니 참고하세요.

■ 제자해(制字解)

《훈민정음》을 만든 원리와 기준, 자음과 모음체계에 대해서 풀이하고 있어요.

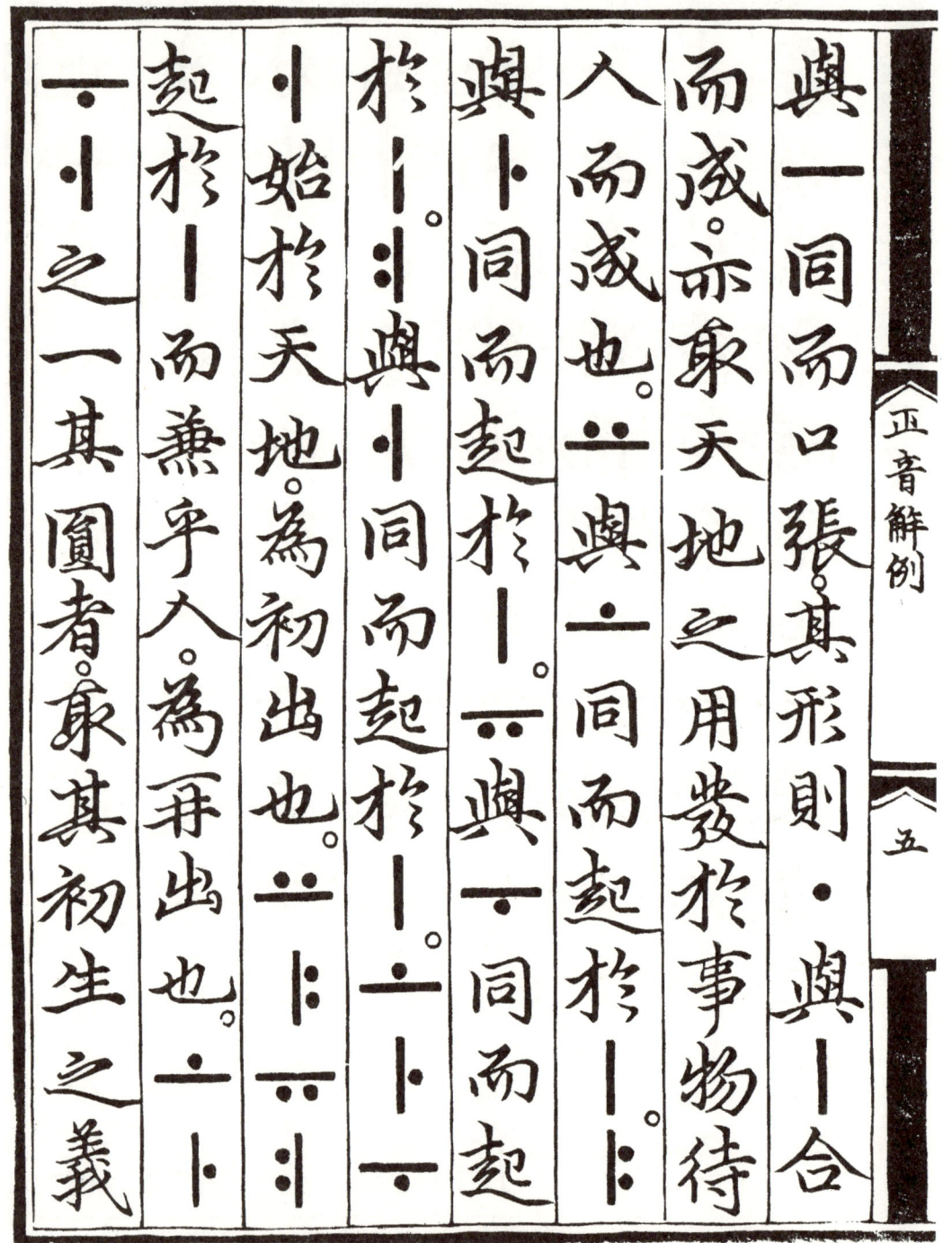

▲ 위 《해례본》의 한문은 이 책 33쪽에 쉽게 풀이해 놓았으니 참고하세요.

🟪 제자해(制字解)

《훈민정음》을 만든 원리와 기준, 자음과 모음체계에 대해서 풀이하고 있어요.

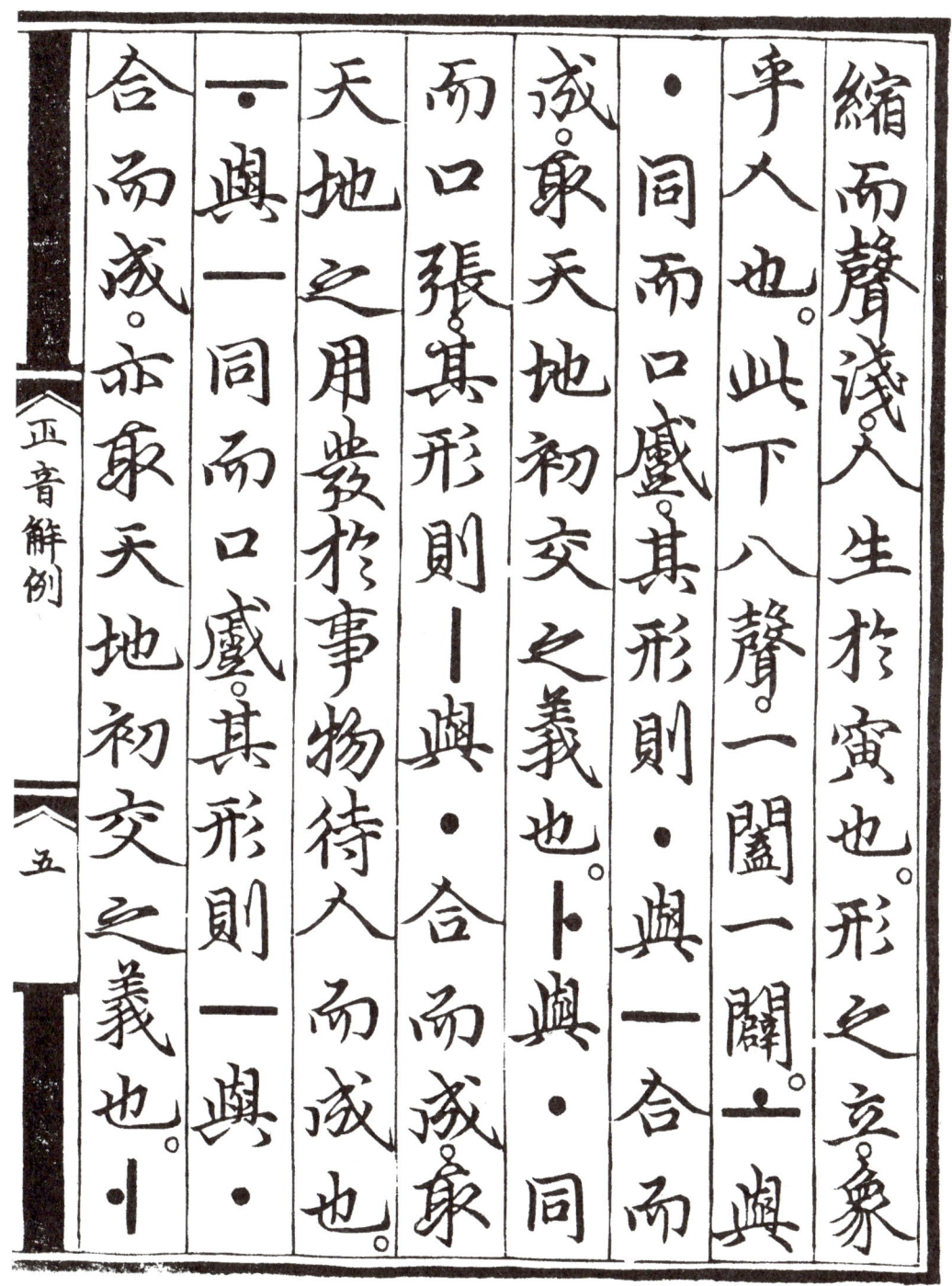

▲ 위 《해례본》의 한문은 이 책 32쪽에 쉽게 풀이해 놓았으니 참고하세요.

제자해(制字解)

《훈민정음》을 만든 원리와 기준, 자음과 모음체계에 대해서 풀이하고 있어요.

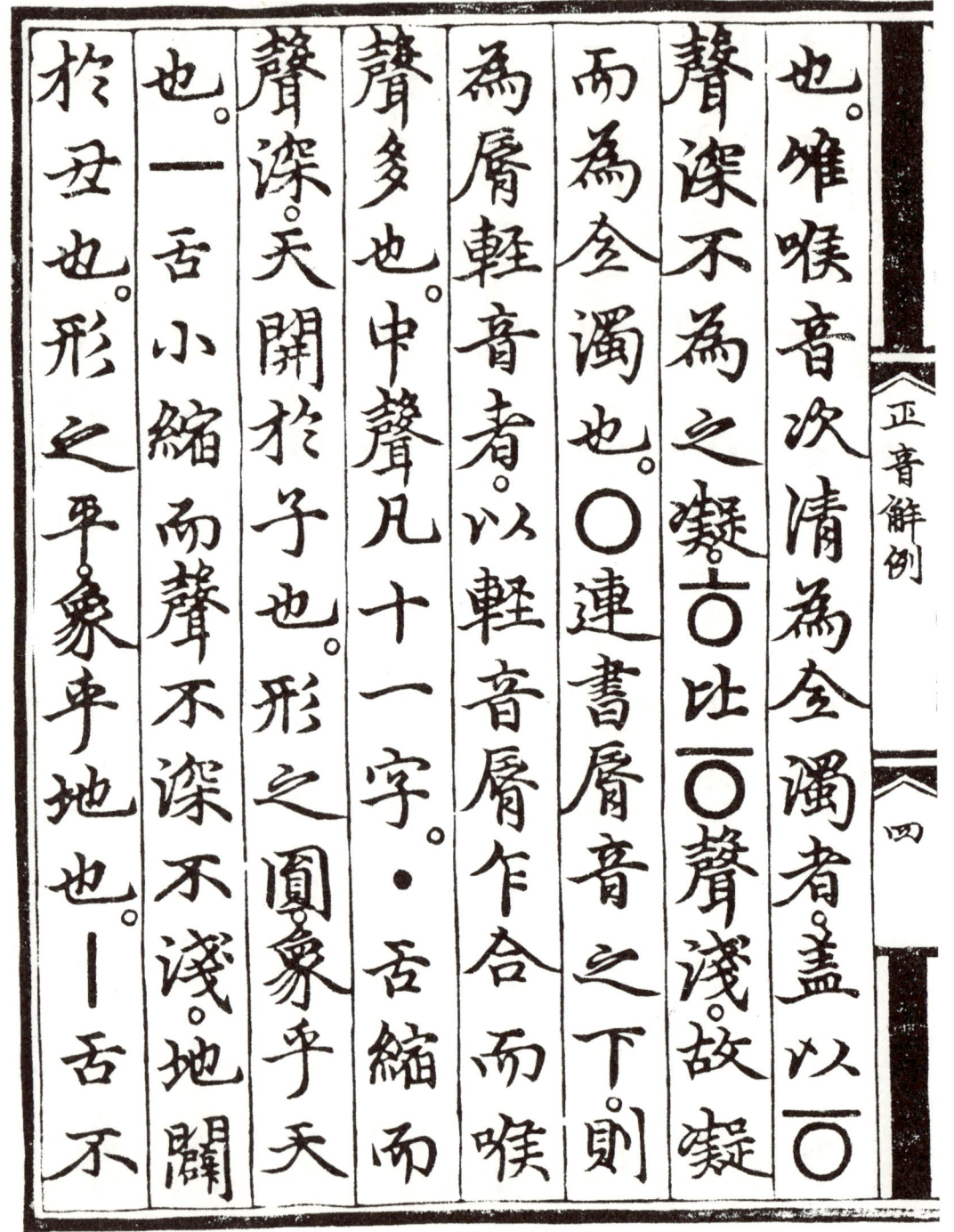

▲ 위《해례본》의 한문은 이 책 31~32쪽에 쉽게 풀이해 놓았으니 참고하세요.

🟪 제자해(制字解)

《훈민정음》을 만든 원리와 기준, 자음과 모음체계에 대해서 풀이하고 있어요.

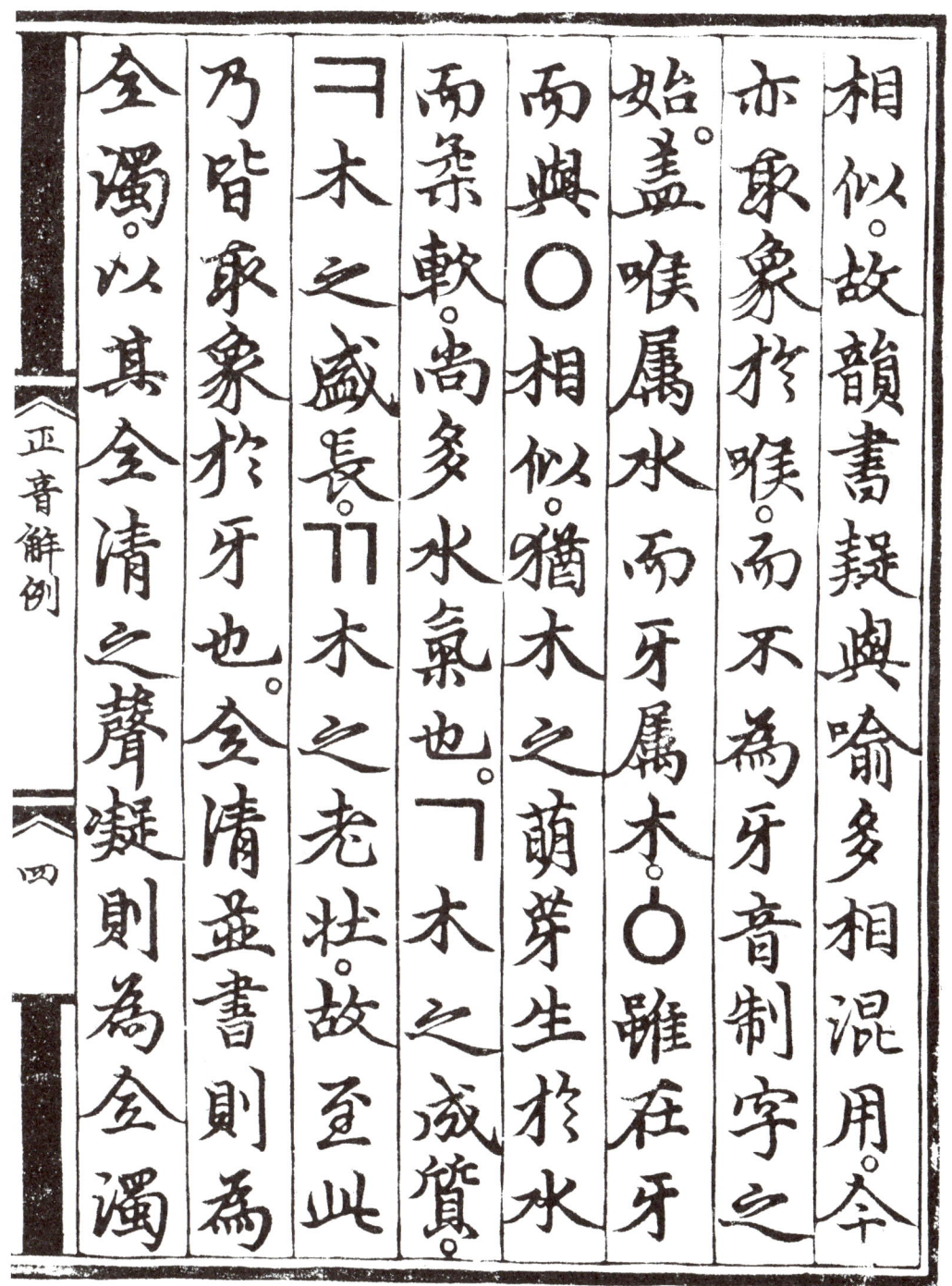

▲ 위《해례본》의 한문은 이 책 31쪽에 쉽게 풀이해 놓았으니 참고하세요.

제자해(制字解)

《훈민정음》을 만든 원리와 기준, 자음과 모음체계에 대해서 풀이하고 있어요.

```
《正音解例》〈三〉

濁而言之。ㄱㄷㅂㅈㅅㆆ爲全淸。
ㅋㅌㅍㅊㅎ爲次淸。
ㄲㄸㅃㅉㅆㆅ爲全濁。
ㆁㄴㅁㅇㄹㅿ爲不淸
不濁。ㄴㅁㅇ其聲冣不厲。故次序
雖在於後。而象形制字則爲之始。
ㅅㅈ雖皆爲全淸。而ㅅ比ㅈ聲不
厲。故亦爲制字之始。唯牙之ㆁ雖
舌根閉喉聲氣出鼻。而其聲與ㅇ
```

▲ 위《해례본》의 한문은 이 책 30~31쪽에 쉽게 풀이해 놓았으니 참고하세요.

제자해(制字解)

《훈민정음》을 만든 원리와 기준, 자음과 모음체계에 대해서 풀이하고 있어요.

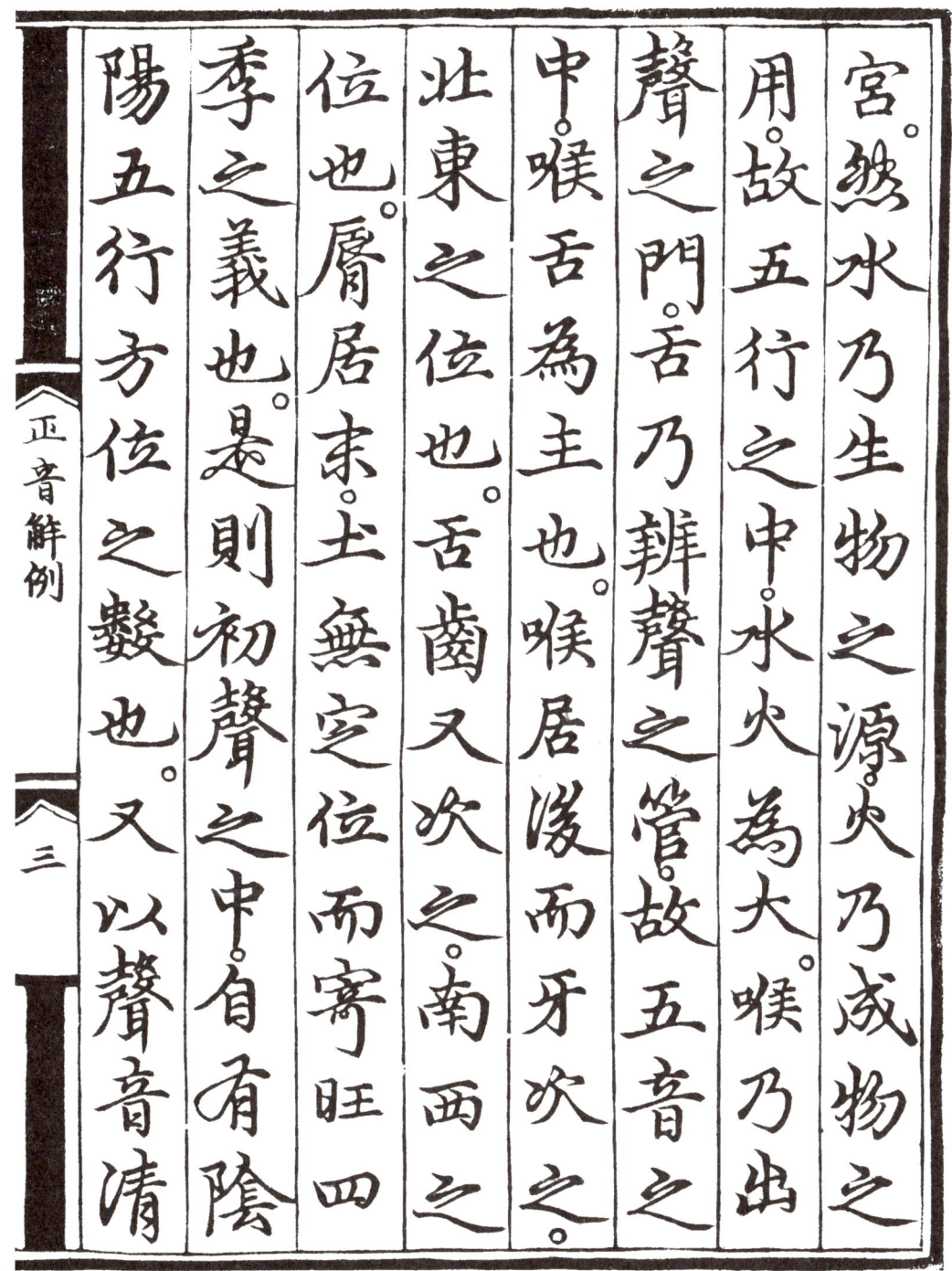

▲ 위 《해례본》의 한문은 이 책 30쪽에 쉽게 풀이해 놓았으니 참고하세요.

제자해(制字解)

《훈민정음》을 만든 원리와 기준, 자음과 모음체계에 대해서 풀이하고 있어요.

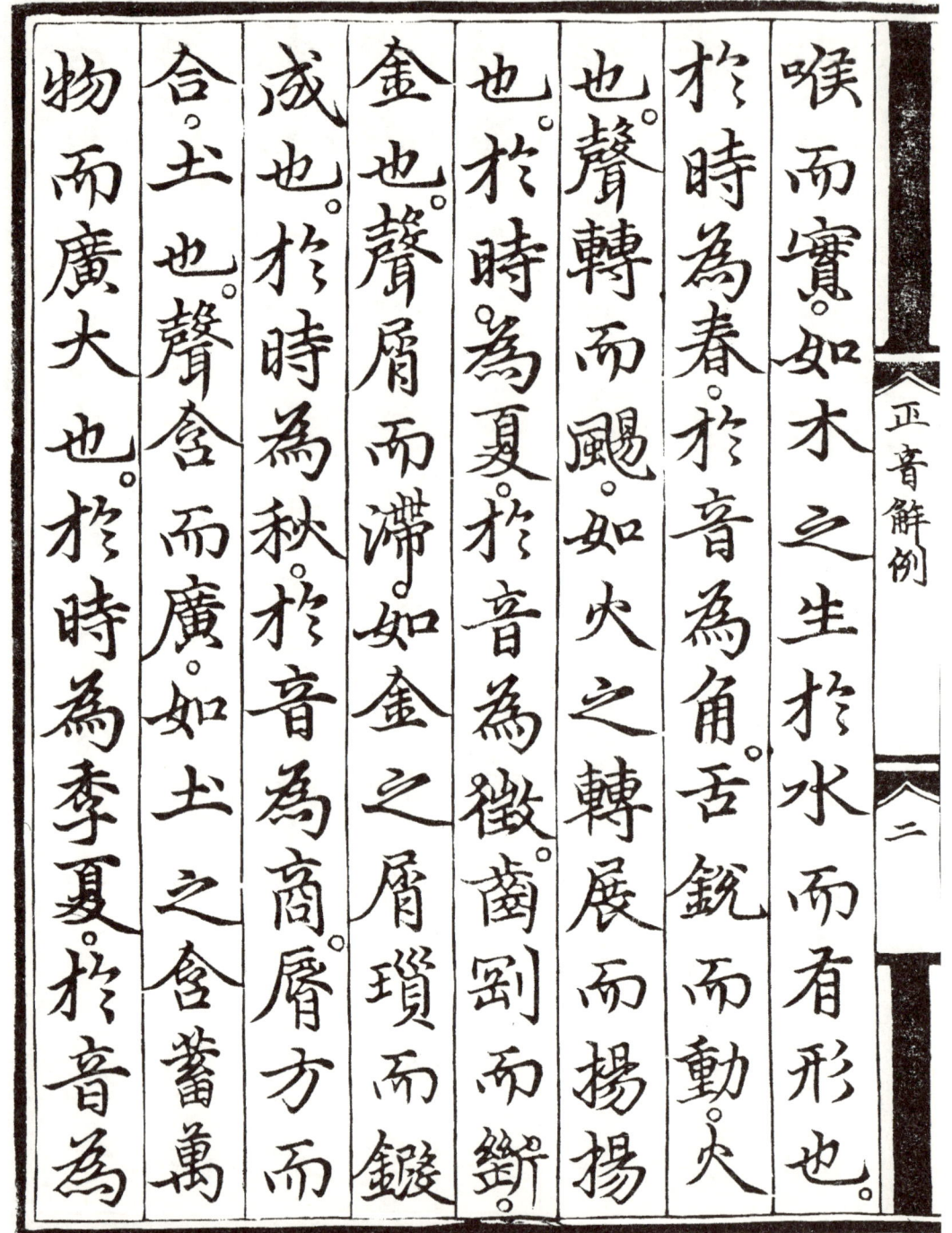

▲ 위 《해례본》의 한문은 이 책 29~30쪽에 쉽게 풀이해 놓았으니 참고하세요.

제자해(制字解)

《훈민정음》을 만든 원리와 기준, 자음과 모음체계에 대해서 풀이하고 있어요.

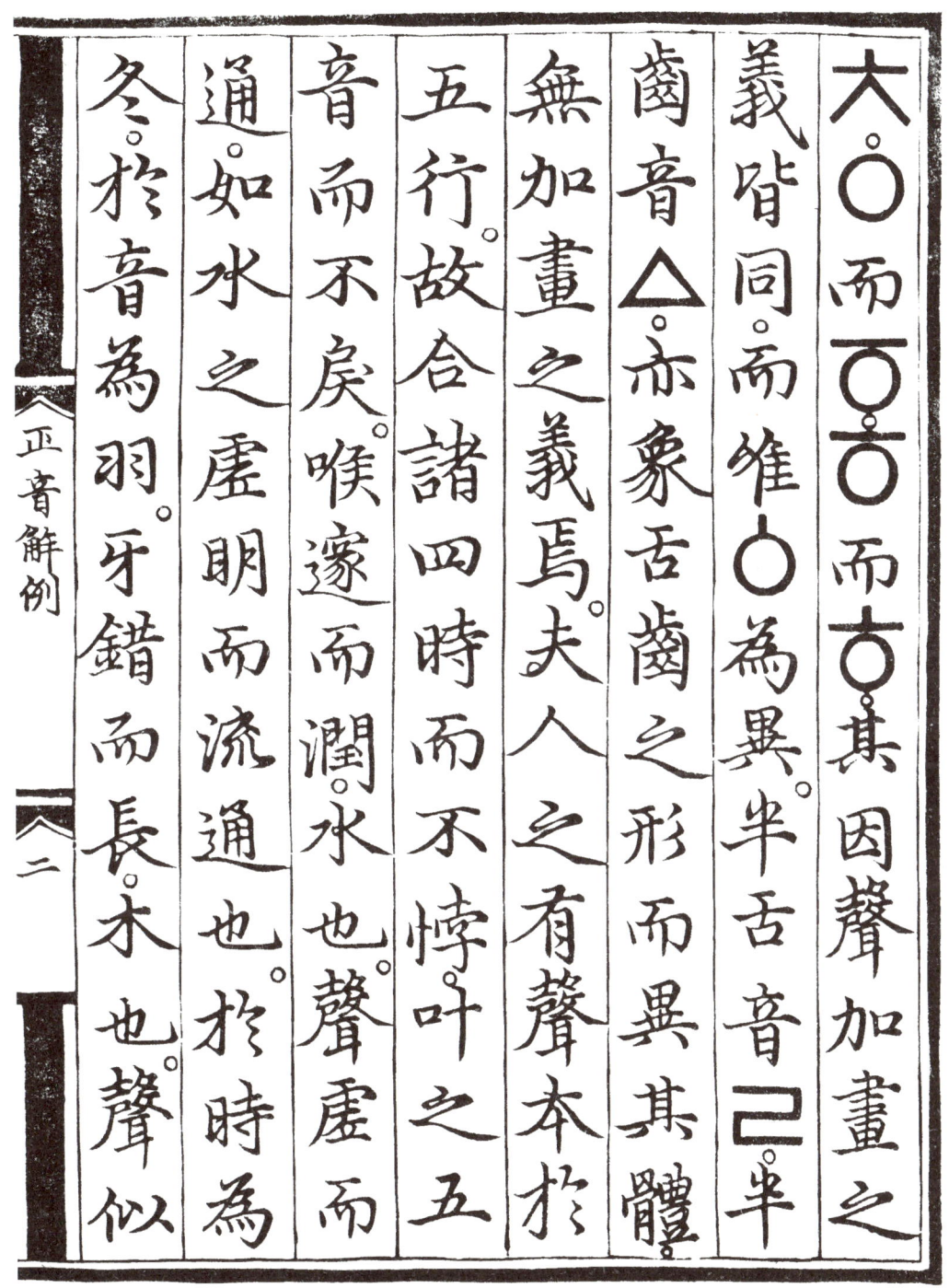

▲ 위 《해례본》의 한문은 이 책 29쪽에 쉽게 풀이해 놓았으니 참고하세요.

제자해(制字解)

《훈민정음》을 만든 원리와 기준, 자음과 모음체계에 대해서 풀이하고 있어요.

> 《正音解例》
>
> 理而已。理既不二。則何得不與天地鬼神同其用也。正音二十八字。各象其形而制之。初聲凡十七字。牙音ㄱ。象舌根閉喉之形。舌音ㄴ。象舌附上腭之形。脣音ㅁ。象口形。齒音ㅅ。象齒形。喉音ㅇ。象喉形。ㅋ比ㄱ。聲出稍厲。故加畫。ㄴ而ㄷ。ㄷ而ㅌ。ㅁ而ㅂ。ㅂ而ㅍ。ㅅ而ㅈ。ㅈ而
>
> 《一

▲ 위 《해례본》의 한문은 이 책 28~29쪽에 쉽게 풀이해 놓았으니 참고하세요.

제자해(制字解)

《훈민정음》을 만든 원리와 기준, 자음과 모음체계에 대해서 풀이하고 있어요.

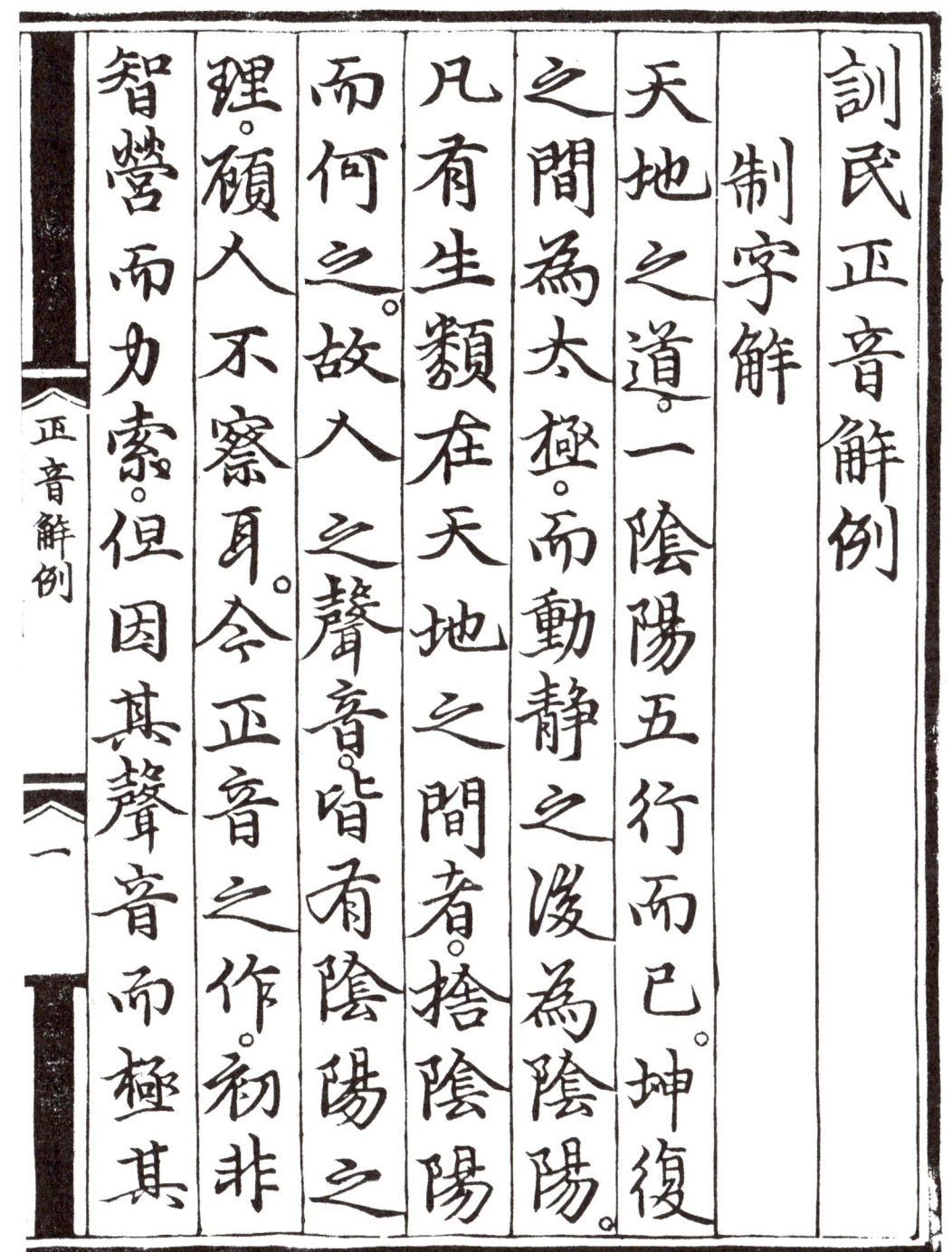

▲ 위 《해례본》의 한문은 이 책 28쪽에 쉽게 풀이해 놓았으니 참고하세요.

■ 빈면

세종대왕이 직접 설명해 준《훈민정음》의 「예의」가 끝났으니
한 면을 비어 두고 그 다음 면부터 신하들이 쓴 본문이 시작되었어요.

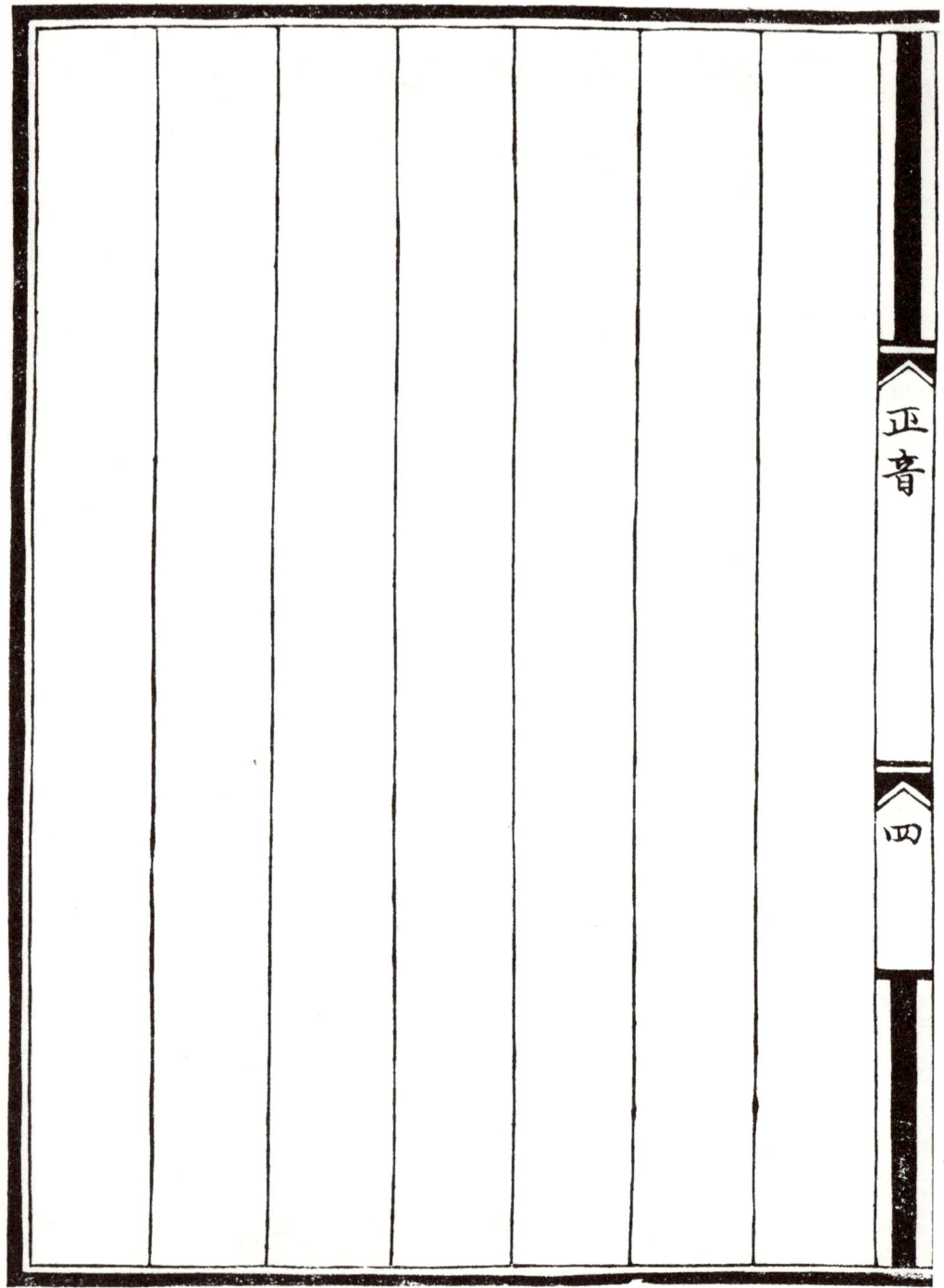

▲《해례본》에서 세종 임금이 직접 쓰신 앞부분은 한 면마다 7행으로 나뉘어 있고,
한 행마다 11자씩 쓰여 있어요.

🟦 예의(例義)

세종대왕이 초성의 아래에 쓰는 모음과 초성의 오른쪽에 쓰는 모음과
거성, 상성, 평성, 입성에 대해서 설명해 주고 있어요.

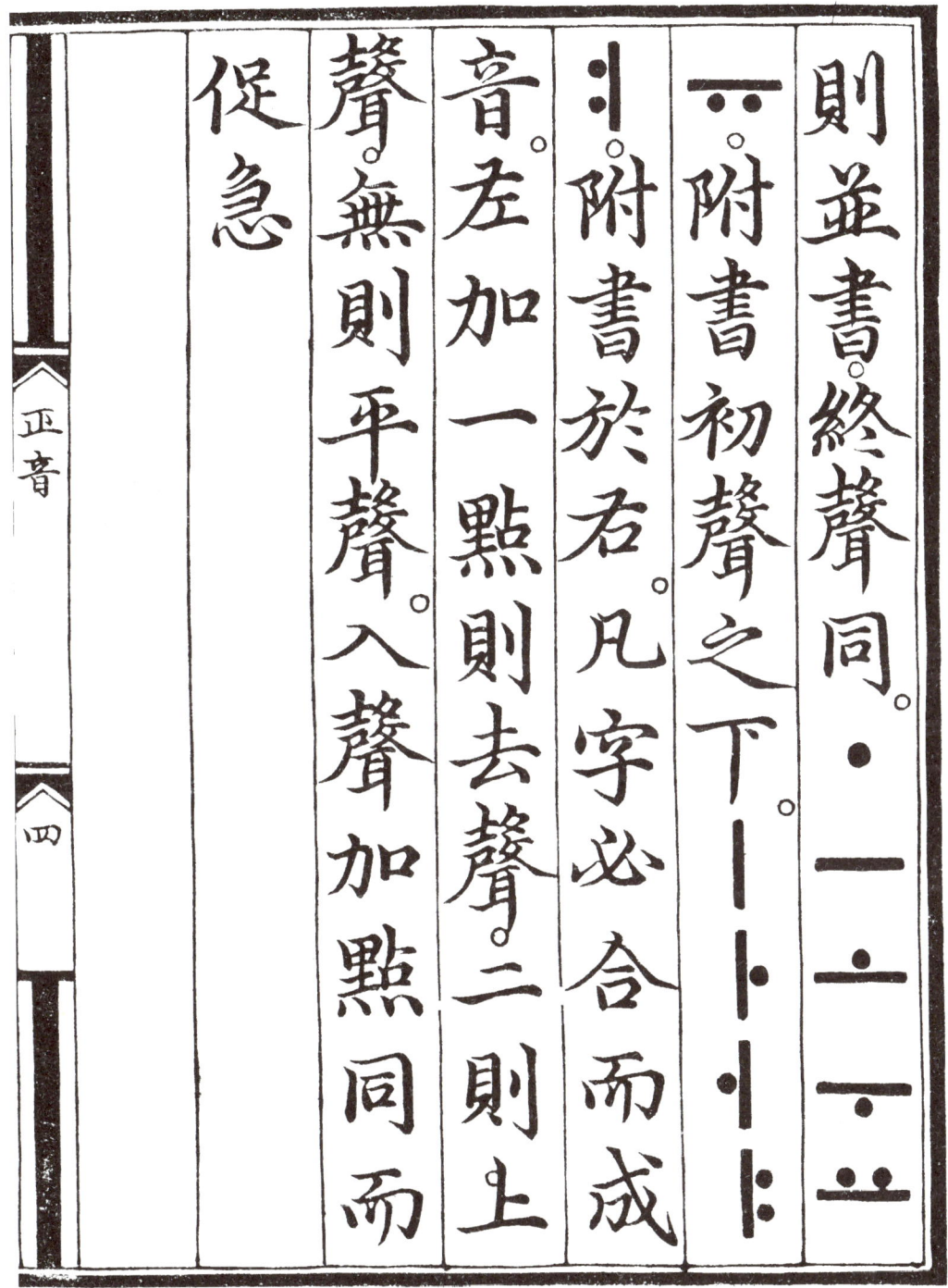

▲ 위 《해례본》의 한문은 이 책 27쪽에 쉽게 풀이해 놓았으니 참고하세요.

🟦 예의(例義)

세종대왕이 훈민정음의 모음(ㅓ, ㅛ, ㅑ, ㅠ, ㅕ)과 종성은
초성에 다시 쓸 수 있다는 것과 순경음에 대해서 설명해 주고 있어요.

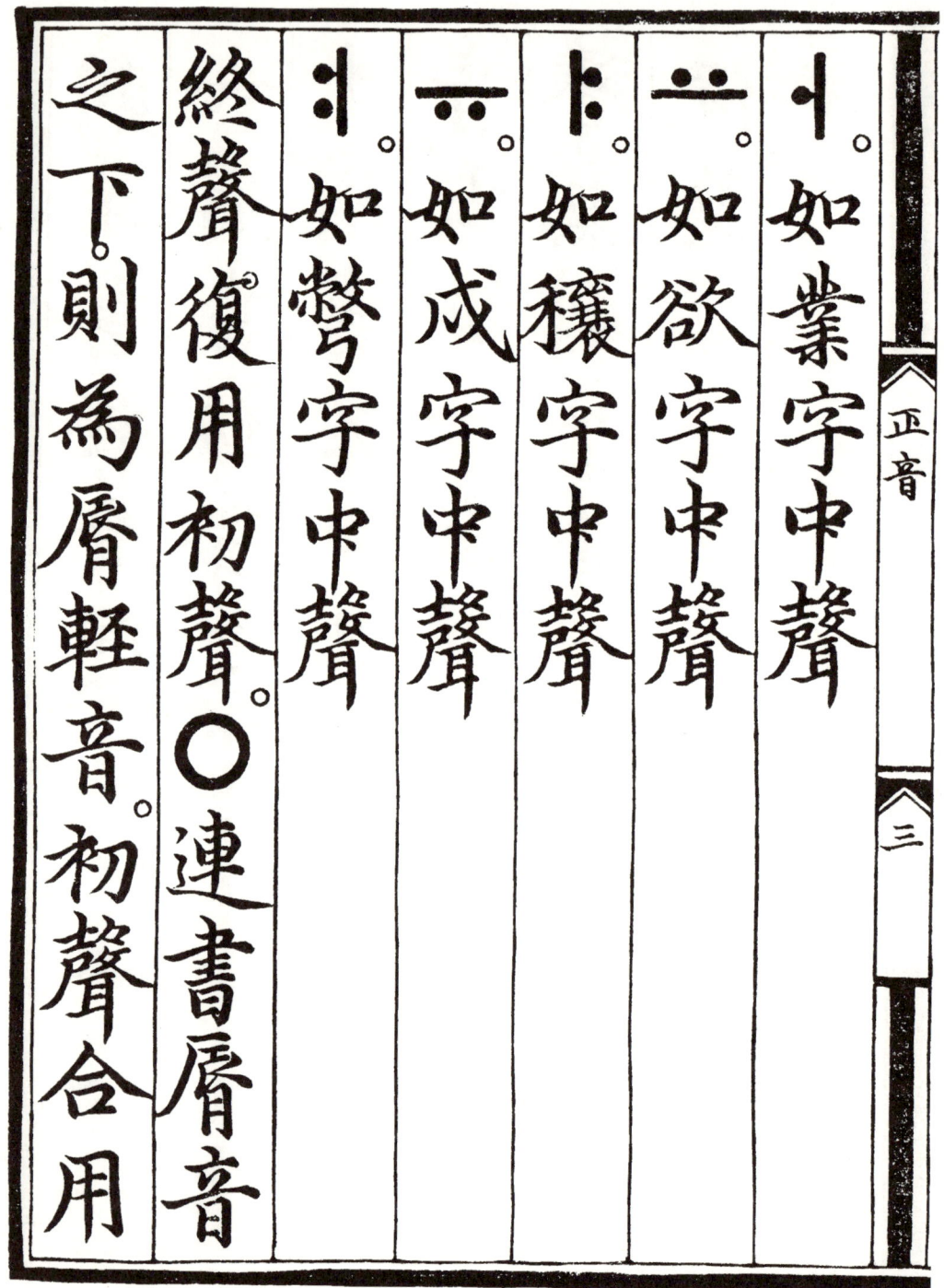

▲ 위 《해례본》의 한문은 이 책 26~27쪽에 쉽게 풀이해 놓았으니 참고하세요.

🟦 예의(例義)

세종대왕이 훈민정음의 자음(△)과 모음(•, ㅡ, ㅣ, ㅗ, ㅏ, ㅜ)에 대해서 직접 간단하게 설명해 주고 있어요.

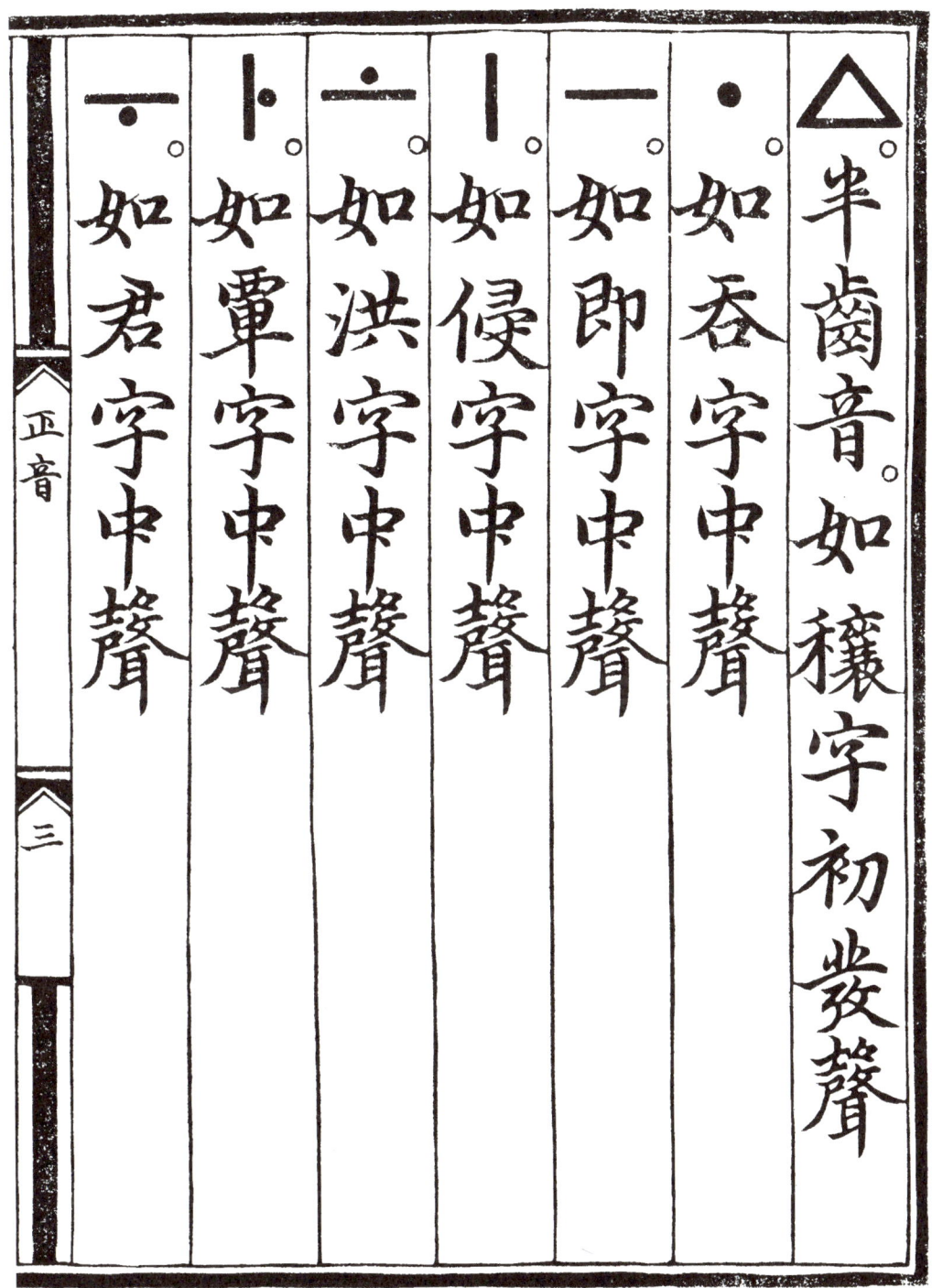

▲ 위《해례본》의 한문은 이 책 25~26쪽에 쉽게 풀이해 놓았으니 참고하세요.

▨ 예의(例義)

세종대왕이 훈민정음의 자음(ㅅ, ㆆ, ㅎ, ㅇ, ㄹ)에 대해서 직접 간단하게 설명해 주고 있어요.

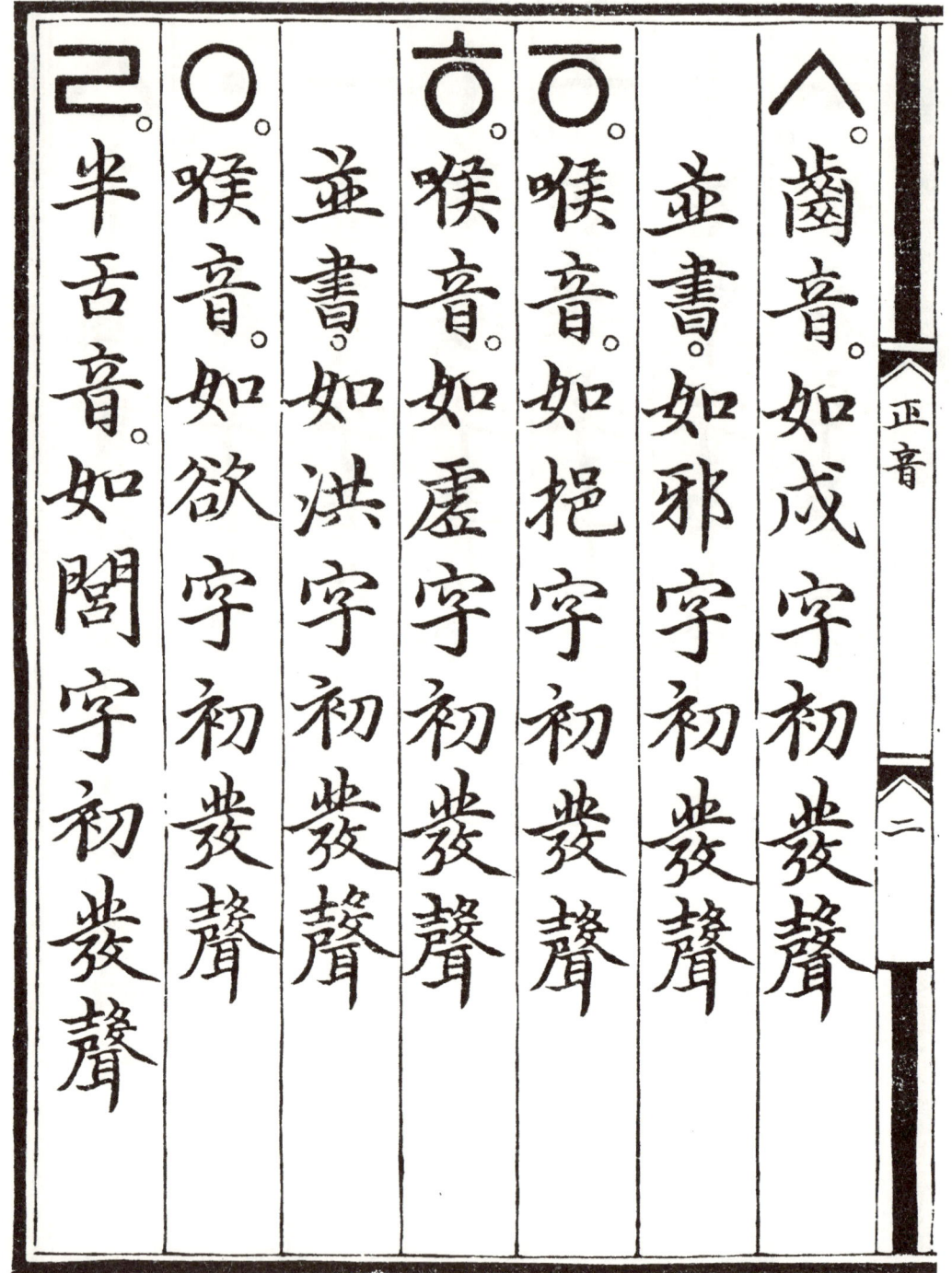

▲ 위 《해례본》의 한문은 이 책 25쪽에 쉽게 풀이해 놓았으니 참고하세요.

🔲 예의(例義)

세종대왕이 훈민정음의 자음(ㅂ, ㅍ, ㅁ, ㅈ, ㅊ)에 대해서 직접 간단하게 설명해 주고 있어요.

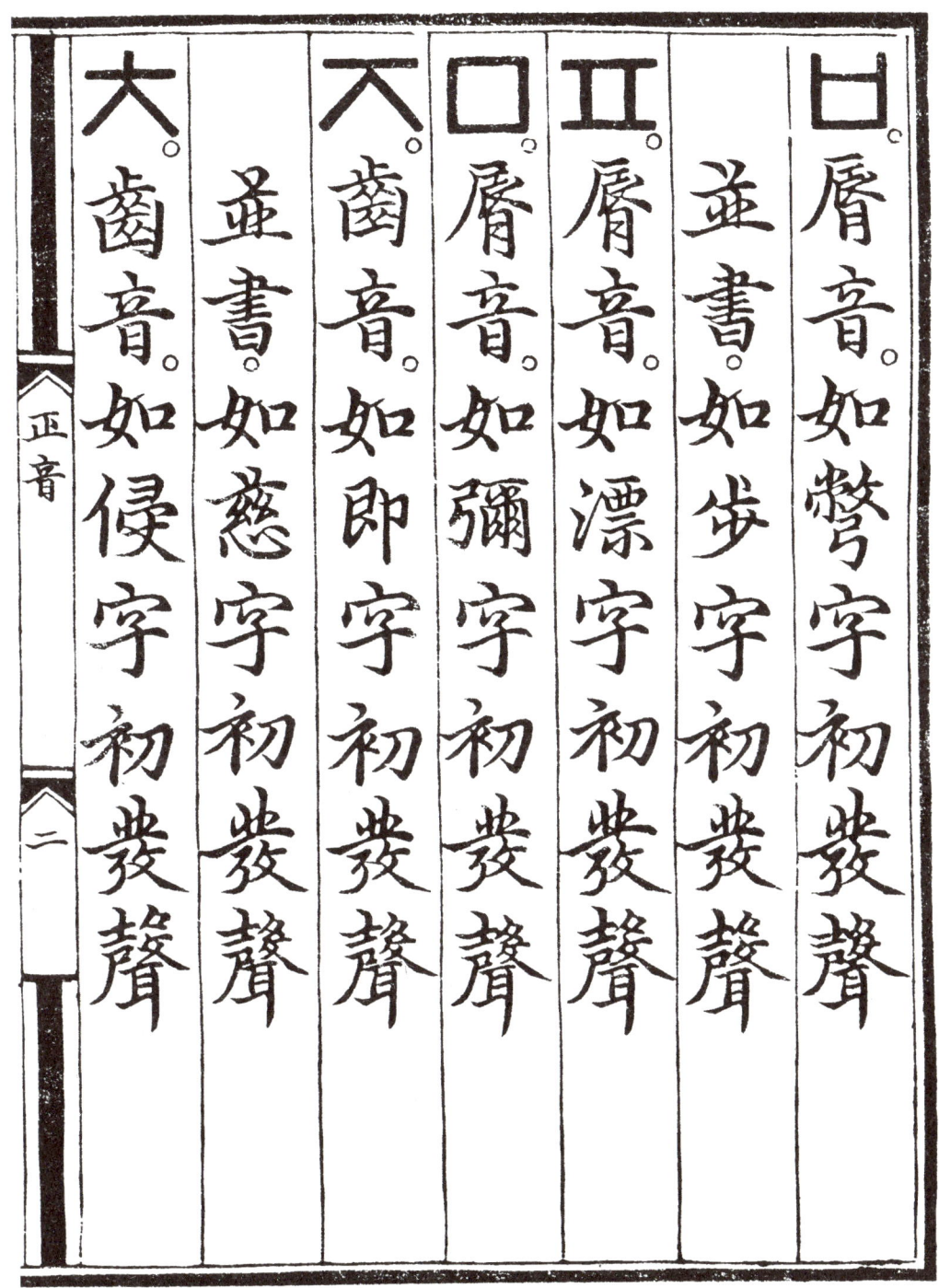

▲ 위《해례본》의 한문은 이 책 24쪽에 쉽게 풀이해 놓았으니 참고하세요.

🟪 예의(例義)

세종대왕이 훈민정음의 자음(ㅋ, ㆁ, ㄷ, ㅌ, ㄴ)에 대해서 직접 간단하게 설명해 주고 있어요.

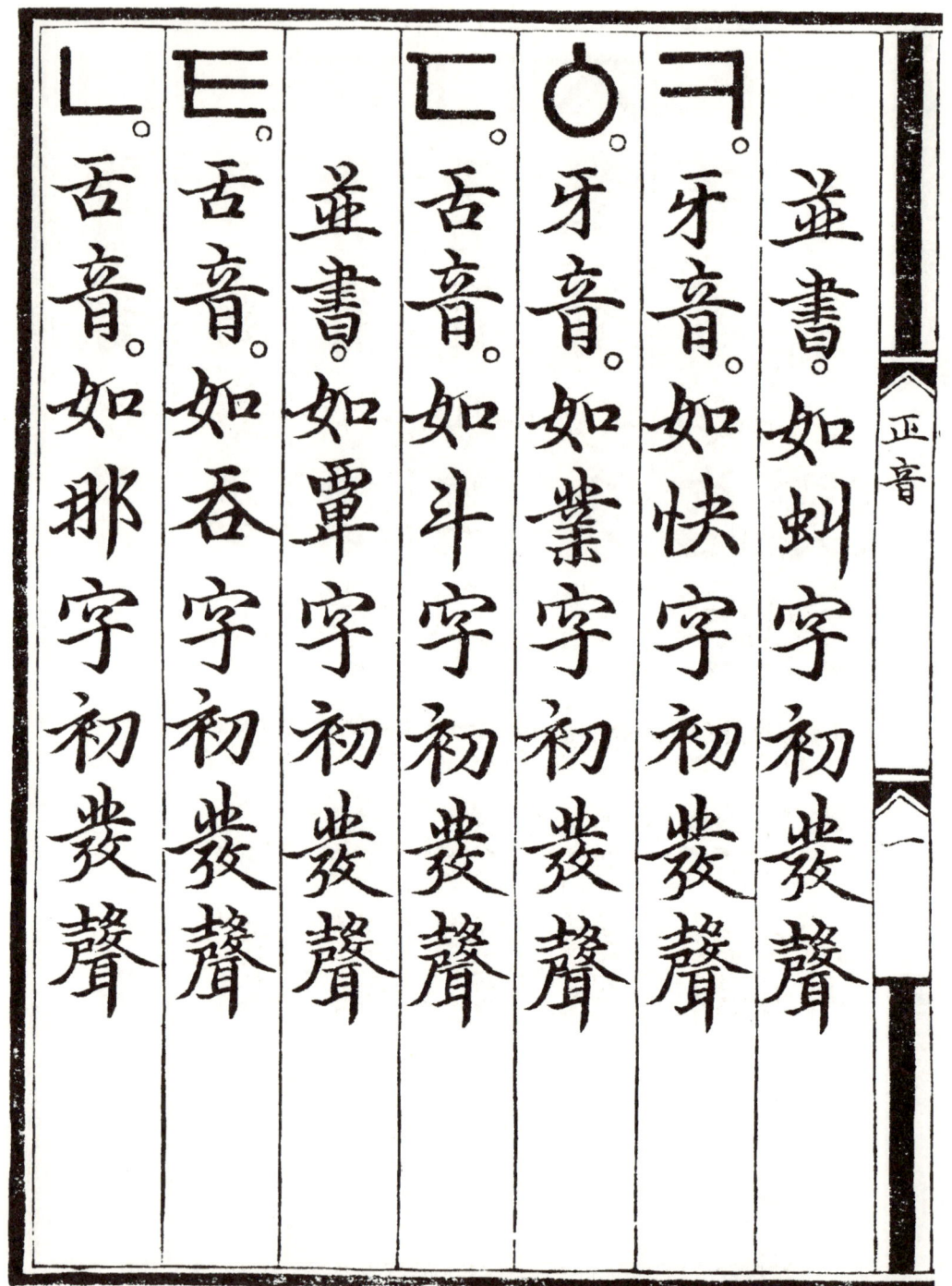

▲ 위 《해례본》의 한문은 이 책 23~24쪽에 쉽게 풀이해 놓았으니 참고하세요.

■ 어제서문(御製序文)

세종대왕이 훈민정음을 창제하게 된 이유를 써 놓았어요.

그리고 자음 ㄱ(기역)에 대해서 직접 간단하게 설명해 주고 있어요.

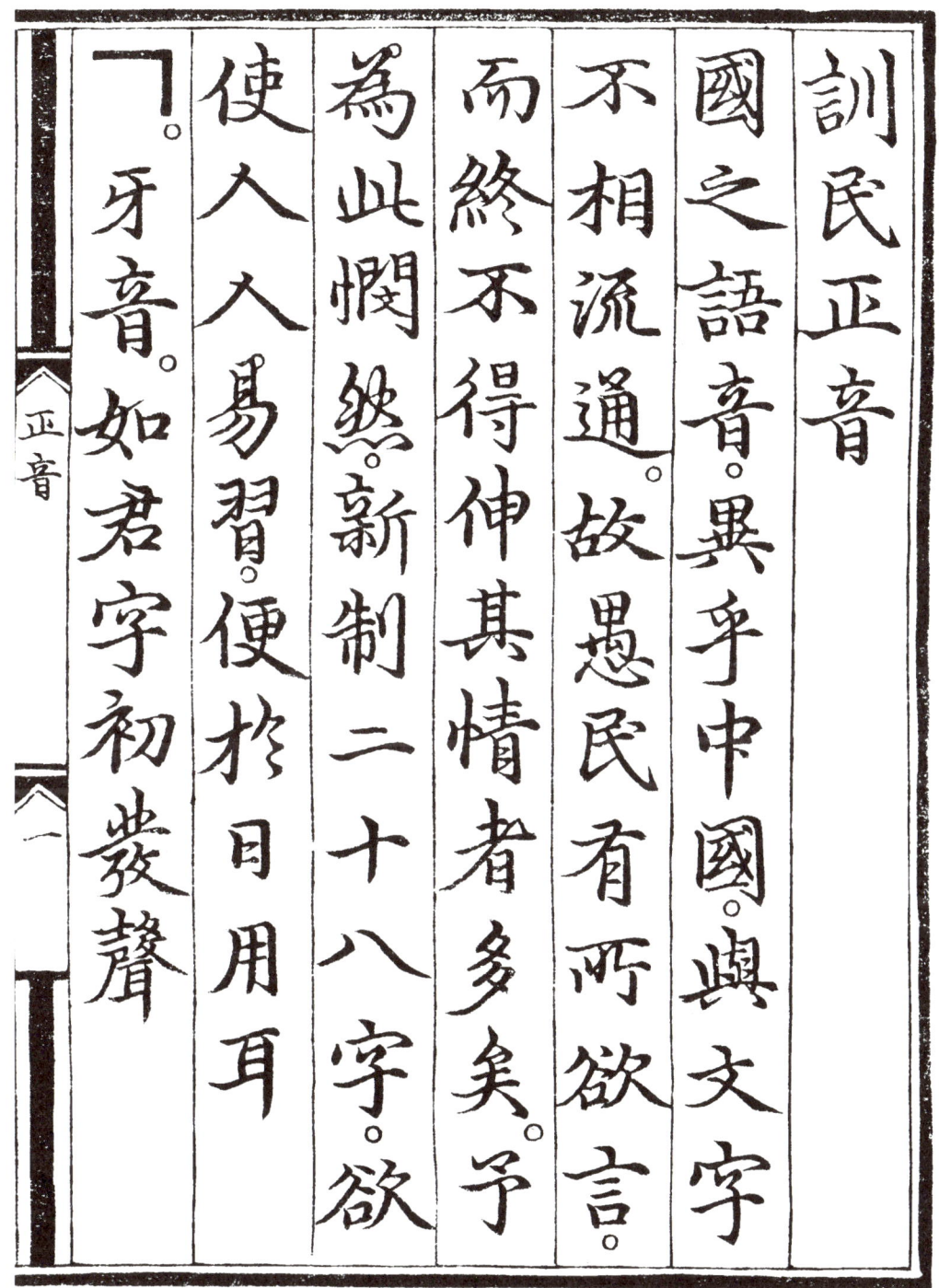

▲ 위 《해례본》의 한문은 이 책 22~23쪽에 쉽게 풀이해 놓았으니 참고하세요.

세 번째.
훈민정음 해례본은 어떻게 생겼을까요?

부록. 국보와 똑같이 새긴 《훈민정음 해례본》

이 책을 엮으면서 다음과 같이 많은 자료들을 참고로 했어요.

『음운과 문자』(김완진, 신구문화사, 1996)
『국어사개설』(이기문, 신정판, 태학사, 1998)
『훈민정음』(박창원, 신구문화사, 2005)
『훈민정음 연구』(강신항, 성균관대학교 출판부, 2003)
『세종어제훈민정음총록』(박재성, 문자교육, 2020)
『소설로 만나는 세종실록 속 훈민정음』(박재성, 가나북스, 2024)
『조선왕조실록』(국사편찬위원회)
『국어국문학자료사전』(이응백, 김원경, 김선풍, 1998)
『한국민족문화 대백과사전』(한국정신문화연구원)
『훈민정음해례본의 유출에 대한 연구』(박종덕, 한국어학 31호, 2006)
『한권으로 읽는 조선왕조실록』(박영규, 웅진지식하우스 1996)
『한글의 창제 목적과 원리를 밝히다』(이진명, 간송미술문화재단)
『한글날』(한국민속 대백과사전, 국립민속박물관)
『'한글' 세상에서 가장 신비한 문자』(최준식, 간송미술문화재단)
『한글 가치의 재발견, 주시경』(박영준 외, 우리말의 수수께끼, 2002)
『훈민정음』(세종대왕기념사업회, 한국고전용어사전, 2001)
『인물한국사』(김범, 네이버지식백과)
『위대한 문화유산』(이진명, 간송미술문화재단)
『세종어제 훈민정음 총록』(박재성, 주식회사 문자교육, 2020)

전국 훈민정음 독후감 공모대회

문화체육관광부 장관상 수여 대회

공모기간
매년 5월 중 홈페이지에 공지

참가부문
초등부 / 중등부 / 고등부 / 대학,일반부

접수방법
이메일 접수 : hmju119@naver.com

참가비
없음.

심사발표
홈페이지에 공지

시상식
일시와 장소는 홈페이지에 매년 5월 중 공지

지정도서
- 소설로 만나는 세종실록 속 훈민정음
- 108인의 훈민정음 글모음
- 어린이를 위해 쉽게 풀어 쓴 훈민정음 해례본
- 훈민정음에서 길을 찾는다
- 어린이 훈민정음을 위한 교과서 한자어

시상내역
장원대상 : 문화체육관광부 장관상(전체 1명)
최 고 상 : 교육감상(해당시도 각 부문 1명)
　　　　　시도지사상(해당시도 각 부문 1명)
우 수 상 : 훈민정음기념사업회이사장상(각 부문 17명)
장 려 상 : 훈민정음탑건립조직위원장상(각 부문 34명)
* 시도교육감상은 승인지역의 참가자 중 해당 상훈자만 수상함.
* 시도지사상은 승인지역의 참가자 중 해당 상훈자만 수상함.

공식후원
문화체육관광부, 강원도, 강원도교육청, 경상남도교육청
경상북도, 경상북도교육청, 광주광역시교육청, 경기도
대구광역시, 대구광역시교육청, 대전광역시교육청
세종특별자치시교육청, 인천광역시, 전라남도교육청
전라북도교육청, 제주특별자치도교육청, 충청남도교육청
충청북도교육청, 서울특별시, 부산광역시, 부산광역시교육청

문의 : T. 031-287-0225 / F. 031-287-0226
http://www.hoonminjeongeum.kr

문화체육관광부 소관 제2021-0007호

사단법인 훈민정음기념사업회

心正則筆正 심정즉필정
마음이 바르면 글씨도 바르다

훈민정음 경필쓰기

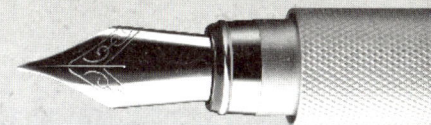

경필 쓰기란?

硬筆(단단할 경·붓 필)은 뾰족한 끝을 반으로 가른 얇은 쇠붙이로 만든 축을 대에 꽂아 잉크를 찍어서 글씨를 쓰는 도구라는 뜻이지만, 동양의 대표적인 필기구인 붓이 부드러운 털로 이루어졌다는 뜻에 대해서 단단한 재료로 만들어진 글씨 쓰는 도구란 의미로 펜, 연필, 철필, 만년필 등을 경필이라고 합니다.

훈민정음 경필쓰기 검정요강

1. **자격명칭** : 훈민정음 경필쓰기 검정
2. **자격종류** : 등록(비공인) 민간자격(제2022-002214호)
3. **자격등급** : 사범, 특급, 1급, 2급, 3급, 4급, 5급, 6급, 7급, 8급
4. **발급기관** : 사단법인 훈민정음기념사업회(문화체육관광부 소관 제2021-0007호)
5. **검정일시** :

접수 기간	심사 기간	합격자발표	자격증 교부 기간
첫째 주 월~금	둘째 주	셋째 주 월요일	넷째 주 월~금

6. **응시방법** : 응시 희망 등급의 『훈민정음 경필 쓰기』 검정용 원고에 경필로 써서 (사)훈민정음기념사업회로 우편 혹은 택배로 접수하면 됩니다.
7. **응시자격** : • 나이, 학력, 국적, 성별과는 무관하게 누구나 응시 가능
   • 단, 사범 응시자는 특급 합격자에 한하여 응시할 수 있음
8. **검정 범위 응시료 및 합격기준** :

급수	검정범위	응시료	합격기준
사범	훈민정음 해례본 전체	55,000원	총점의 70점 이상 취득자
특급	훈민정음 해례본 중 정인지 서문	45,000원	
1급	훈민정음 해례본 중 어제서문과 예의편	35,000원	검정기준 총점의 60점 이상 취득자
2급	훈민정음 언해본 중 예의편	25,000원	
3급	훈민정음 언해본 중 어제서문	20,000원	
4급	옛글 28개 문장 중 선정 제시 문장	15,000원	
5급	2,350자 정자체 중 100자 선정 제시 글자		
6급	훈민정음 해례본 판본체 낱자 50개	10,000원	
7급	훈민정음 해례본 판본체 글자 80개		
8급	훈민정음 해례본 판본체 낱자 자모음 28자		

9. **검정기준** : • 쓰기 25점(필기 규범 15점 / 오자 유무 10점)
   • 필획 25점(필법의 정확성 15점 / 필획의 유연성 10점)
   • 결구 25점(균형 15점 / 조화 10점)
   • 창의 25점(서체의 창의성 10점 / 전체의 통일성 15점)
10. **시상기준** :

시상종류	급수	시상자 선발 기준	시상내용
훈민정음대상	사범에 한함	90점 이상자 중 최고 득점자	매회 훈민정음상 및 장원급제의 장학금과 장원상 및 아원상, 최고상의 상품은 훈민정음 평가원의 심의를 거쳐 정함.
장원급제	특급에 한함	90점 이상자 중 최고 득점자	
장원	1급	90점 이상자 중 최고 득점자	
아원	2급	90점 이상자 중 최고 득점자	
최고상	1급~8급	85점~89점 득점자 중 최고 득점자	
우수상	1급~8급	80점~84점 득점자 중 최고 득점자	
장려상	1급~8급	75점~79점 득점자 중 최고 득점자	

※ 훈민정음 대상 및 장원급제는 장학증서와 장학금은 초·중·고에 한함.

11. **응시회비입금처** : 새마을금고 9002-1998-5051-9 (사단법인 훈민정음기념사업회)
12. **응시료 환불 규정** : 1) 접수 기간 내 ~ 접수 마감 후 7일까지 ☞ 100% 환급
    2) 접수 마감 8일 ~ 14일까지 ☞ 50% 환급
    3) 접수 마감 15일 ~ 검정 당일까지 ☞ 환급 불가
13. **검정원고접수처** : (16978) 용인특례시 기흥구 강남동로 6, 401호(그랜드 프라자)

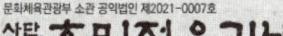

문화체육관광부 소관 공익법인 제2021-0007호
사단법인 훈민정음기념사업회

Tel. 031-287-0225 E-mail : hmju119@naver.com
www.hoonminjeongeum.kr

교과서 한자어 학습능력 검정 요강

1. 자격명칭 : 교과서 한자어 학습능력 검정
2. 자격종류 : 등록 (비공인) 민간자격
3. 자격등급 : 6단, 5단, 4단, 3단, 2단, 1단
4. 발급기관 : 사단법인 훈민정음기념사업회
   (문화체육관광부소관 제2021-0007호)
5. 검정일시 : 매년 1월 홈페이지
   (www.hoonminjeongeum.kr)에 공지
6. 응시방법 : 검정에 응시하고자 하는 자는 응시원서 접수
   시 해당 급수의 응시 수수료를 납부하여야 한다.
7. 응시자격 : • 누구나 학력 제한 없이 응시자가 원하는 등급에 응시할 수 있다.
   • 단, 동일 회차에 한 개 등급만 응시할 수 있다.
8. 검정 범위 응시료 및 합격기준 :

등급	검정방법	검정범위	응시료
6단	필기시험	6학년 국어, 수학, 과학, 도덕, 사회	30,000원
5단	필기시험	5학년 국어, 수학, 과학, 도덕, 사회	25,000원
4단	필기시험	4학년 국어, 수학, 과학, 도덕, 사회	20,000원
3단	필기시험	3학년 국어, 수학, 과학, 도덕, 사회	17,000원
2단	필기시험	2학년 국어, 수학, 바른생활, 슬기로운생활, 즐거운생활	15,000원
1단	필기시험	1학년 국어, 수학, 바른생활, 슬기로운생활, 즐거운생활	13,000원

9. 검정기준 : • 필기시험으로 과목 당 과목 총점기준 40% 이상이며, 평균 점수가 60% 이상 득점인 자를 합격자로 결정.
   • 필기시험의 객관식은 문항당 1점이고, 주관식은 문항 당 2점으로 득점 계산한다.
   • 소수점 이하는 반올림함을 원칙으로 득점 계산한다.
10. 응시회비입금처 : 새마을금고 9002-1998-5051-9 (사단법인 훈민정음기념사업회)
11. 응시료 환불 규정 : 1) 접수 기간 내 ~ 접수 마감 후 7일까지 → 100% 환급
    2) 접수 마감 8일 ~ 14일까지 → 50% 환급
    3) 접수 마감 15일 ~ 검정 당일까지 → 환급 불가
12. 검정원고접수처 : (16978) 용인특례시 기흥구 강남동로 6, 401호(그랜드프라자)
    • 검정문의 : T. 031-287-0225
    • 이메일 : hmju119@naver.com
    • 홈페이지 : http://www.hoonminjeongeum.kr
    • 기타 : 시험일시와 장소는 홈페이지에서 확인 가능

문화체육관광부 소관 제2021-0007호

용인특례시 기흥구 강남동로 6, 그랜드프라자 401호

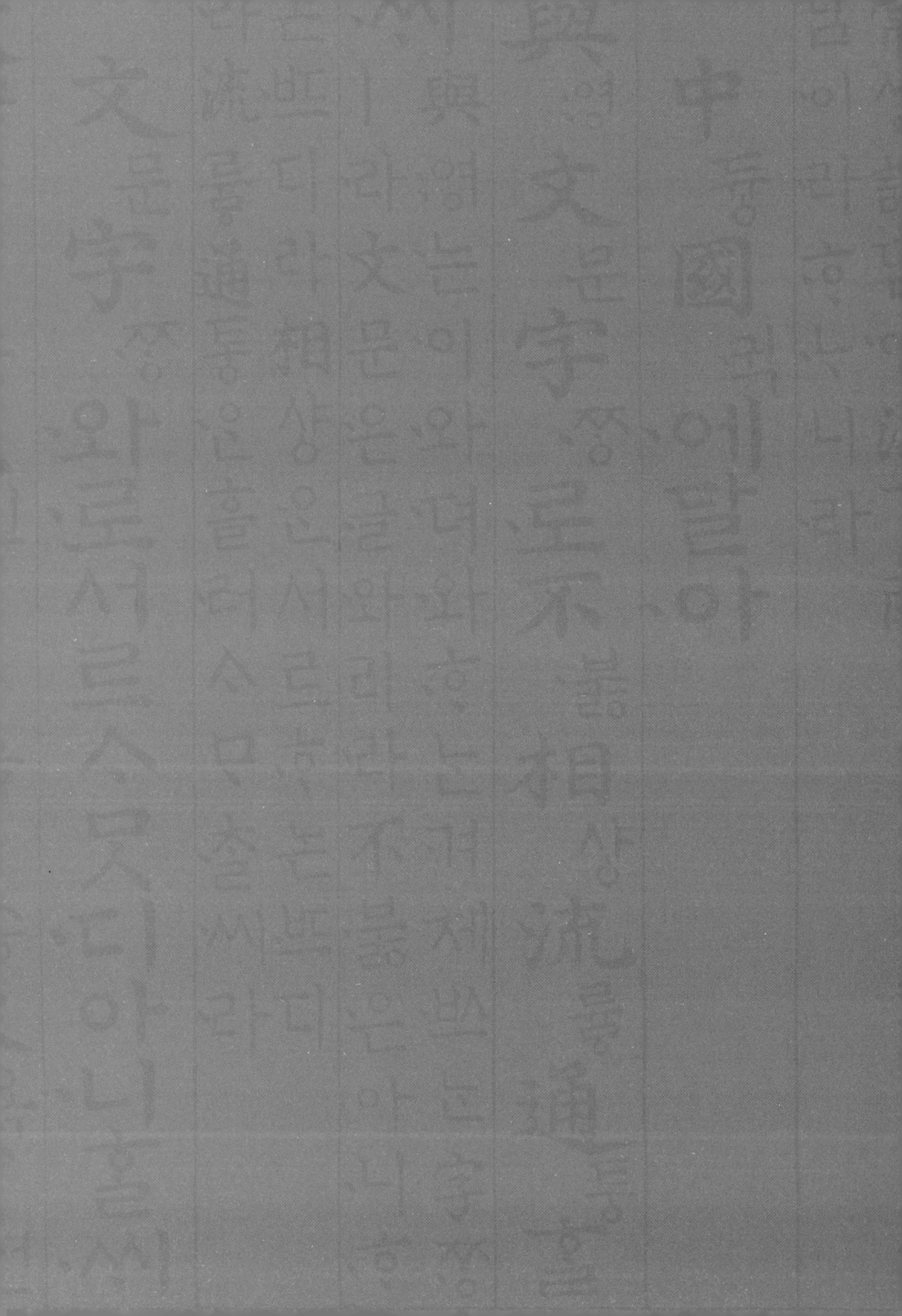